사진과 그림으로 보는
전시 일본의 프로파간다

PROPAGANDA

사진과 그림으로 보는
전시 일본의 프로파간다

글·김영숙 ― 자료 제공·신동규

동북아역사재단
NORTHEAST ASIAN HISTORY FOUNDATION

책머리에

　1868년 왕정복고를 선언하고 메이지정부를 수립한 일본은 1885년 내각제 시행과 1889년 대일본제국헌법 반포로 아시아에서 가장 먼저 근대국가를 건설하였다. 그러나 일본의 근대화 과정은 동아시아 국가들에 대한 침략과 식민지화로 이어졌다. 청일전쟁과 러일전쟁을 통해 타이완과 한국을 식민지화했으며, 제1차 세계대전 후 독일이 지배하던 마리아나, 파라오, 캐롤린, 마셜군도로 구성된 '남양군도'의 위임통치국으로서 1922년에 남양청(南洋廳)을 설립했다.

　1931년 만주사변과 1937년 중일전쟁을 일으킨 일본은 1941년에 서구 열강을 상대로 한 침략전쟁을 시작했다. 12월 8일 일본 해군은 하와이 진주만을 기습하는 한편, 그보다 앞서 육군이 영국령 말레이반도 코타바루(Kota Bharu)에 상륙했다. 일본군 남방작전의 목표는 홍콩, 싱가포르, 마닐라 등 주요 군사거점을 장악함으로써 동아시아에서 영국과 미국 세력을 몰아냄과 동시에 인도네시아와 말레이시아의 중요자원을 확보하는 데 있었다. 전선은 인도와 동남아시아에서 북아메리카 알류샨 열도와 태평양의 섬들로 확장되었다.

　일본이 이른바 '남진(南進)'이라는 이름으로 동남아 침략을 감행한 것은 중일전쟁의 장기화로 많은 인적·물적 희생을 치르면서도 '전쟁의 늪'에서 빠져나오지 못하던 상황을 탈피하기 위해서였다. 일본의 동남아시아 침략은 첫째, 전쟁 수행을 위한 자원을 동남아시아에서 충당하려는 '자원약탈전쟁'이라는 성격을 띠고 있으며, 둘째, 중일전쟁 이후 동남아시아를 통한 장제스 원조[援蔣]를 차단하려는 목적도 있었다. 아시아태평양전쟁에서 전황이 불리해지자 일본은 자국 국민과 동남아시아 국민들에 대한 프로파간다로서 '아시아 해방

전쟁'이라는 슬로건을 내걸었다. 그리고 일본은 이 구호 아래 징병제를 실시하여 식민지 청년들을 전쟁에 동원하였고, 강제동원과 강제노동을 통해 식민지인들에게 고통을 강요하였다.

이 책은 동아대학교 신동규 교수가 수집하여 소장하고 있는 자료들을 토대로 동북아역사재단의 '일본의 동남아시아 침략'에 관한 자료집으로 기획했다. 동남아시아를 넘어 아시아태평양전쟁의 전체상을 담을 수 있도록 구상했다. 신동규 교수는 초등학교 때부터 우표와 크리스마스 씰을 수집하였고, 배고픈 유학시절에도 근대 사진그림엽서, 사진첩, 일제강점기 인쇄물 등을 사 모았다. 취미에서 출발했지만 수집한 자료들을 연구로 발전시켜「일제침략기 한국 관련 사진그림엽서(繪葉書)의 수집·분석·해제 및 DB 구축」(2017.08~2020.07)이라는 연구를 수행한 바 있으며, 2019년 5월 동아대학교에 역사인문이미지연구소를 설립했다. 수집 자료들을 분석한 연구 성과로『일제침략기 사진그림엽서로 본 제국주의의 프로파간다와 식민지 표상』(민속원, 2019),『일제강점기 해주구세요양원의 결핵퇴치운동 연구-셔우드 홀 박사와 결핵예방 홍보자료』(경인문화사, 2020),『1910년 일본인이 본 한국병합:「조선사정」과「조선사진첩」』(경인문화사, 2020)이라는 연구서를 펴냈다. '개인이 수집한 자료라도 객관적인 역사 복원과 학술연구 발전을 위해 공개하는 것이 연구자의 당연한 의무'라는 신념으로 관련 전시회를 여러 차례 개최하고, 이 책의 바탕이 되는 자료들을 기꺼이 제공했다.

신동규 교수의 엽서 자료를 토대로 이 책의 내용은 3장으로 구성했다. 제1장에서는 아시아태평양전쟁에 관한 신문 보도를 제공하고, 제2장에는 사진엽서를 통한 당시의 전쟁 보도와 대국민 프로파간다 내용을 담았다. 그리고 제3장에는 당시 일본 국민을 대상으로 국민통합과 전의고양을 위해 제작했던 '전쟁화'를 실었다. 전체적으로 뉴스와 보도 사진, 그에 관련된 그림을 연계하면서 감상하기 바란다.

한국과 중국에 대한 일본의 침략에 관해서는 많은 자료가 있지만 동남아시아와 태평양 지역에 대한 침략에 관해서는 국내 연구가 별로 없는 실정이며, 시각자료도 거의 없다. 그렇기 때문에 이 책에서 소개하는 엽서 자료들의 역사적 가치는 매우 크다. 중국, 동남아시아, 태평양 연안 등에서 벌어진 다양한 전쟁의 모습들을 생생히 전달하는 한편, 일본이 국민들을 대상으로 실시했던 프로파간다의 허상을 자세히 보여준다. 이 책에 실린 뉴스와 사진, 그림 등은 일본이 프로파간다를 목적으로 발행한 것이다. 이미 열세에 몰린 전쟁의 위기를 국민에게 감추고 전의를 고양시키기 위해서, 혹은 '대동아공영권' 건설이라는 구호 속에 침략상을 감추기 위해 제작한 자료들이다. 각 자료에는 발행 당시 엽서에 부가된 설명문을 번역하여 실었고, 이에 대한 전체 해제와 세부적인 설명을 수록하였다. 그리고 각 자료의 출처와 성격에 대한 해설도 덧붙였다.

이 책은 일본의 동남아시아와 태평양 지역 침략을 통해 일본의 전시 프로파간다를 살펴보는 데 목적이 있다. 어느 시대에나 뉴스는 그것을 전하는 사람 또는 집단의 의도를 반영한다. 뉴스를 전하는 쪽이 만들어 놓은 프로파간다의 틀과 그 메시지를 파악하면서 감상하되, 짜여진 프레임을 넘어서 실제 전황의 전개를 이해하기 바란다. 이 책에서 다루는 전투와 역사적 사건의 허와 실을 구별하여 판단하되, 그 시대를 살아간 사람들에게도 시선을 주기 바란다. 전쟁에 동원된 청년들과 프로파간다에 휘둘렸던 당대 사람들을 보아 주기 바란다. 또한 타이완 고사의용대와 조선인 특공대원에서 인도네시아 병보에 이르기까지 식민지 징병제와 강제동원의 여러 형태에도 관심을 확장해 주기 바란다. 이 책을 통해 현재 한국을 둘러싼 동아시아 정세와 세계질서를 바라보는 시각을 가질 수 있기를 바란다.

교정을 거듭할 때마다 본문의 글을 교체하고 사진의 순서를 바꾸었으며, 지도를 추가했다. 번거로운 작업을 함께 해주신 출판관계자 분들께 진심으로 감사드린다.

2021년 11월

김영숙

차례

제1장
신문 보도로 보는 아시아태평양전쟁　　11

제2장
보도 사진으로 보는 아시아태평양전쟁　　32

제3장
전쟁화에 표현된 아시아태평양전쟁　　160

참고문헌　　258
찾아보기　　260

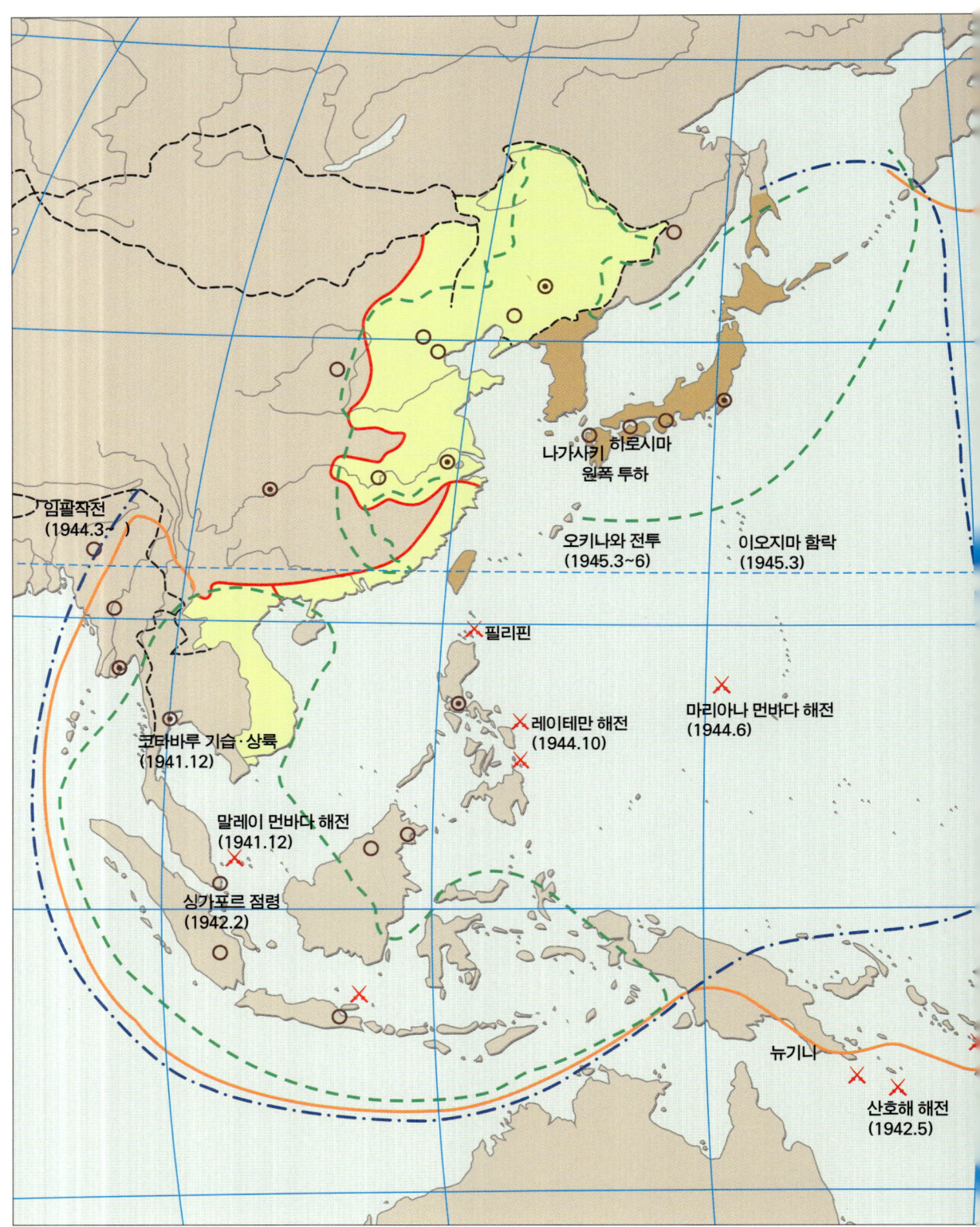

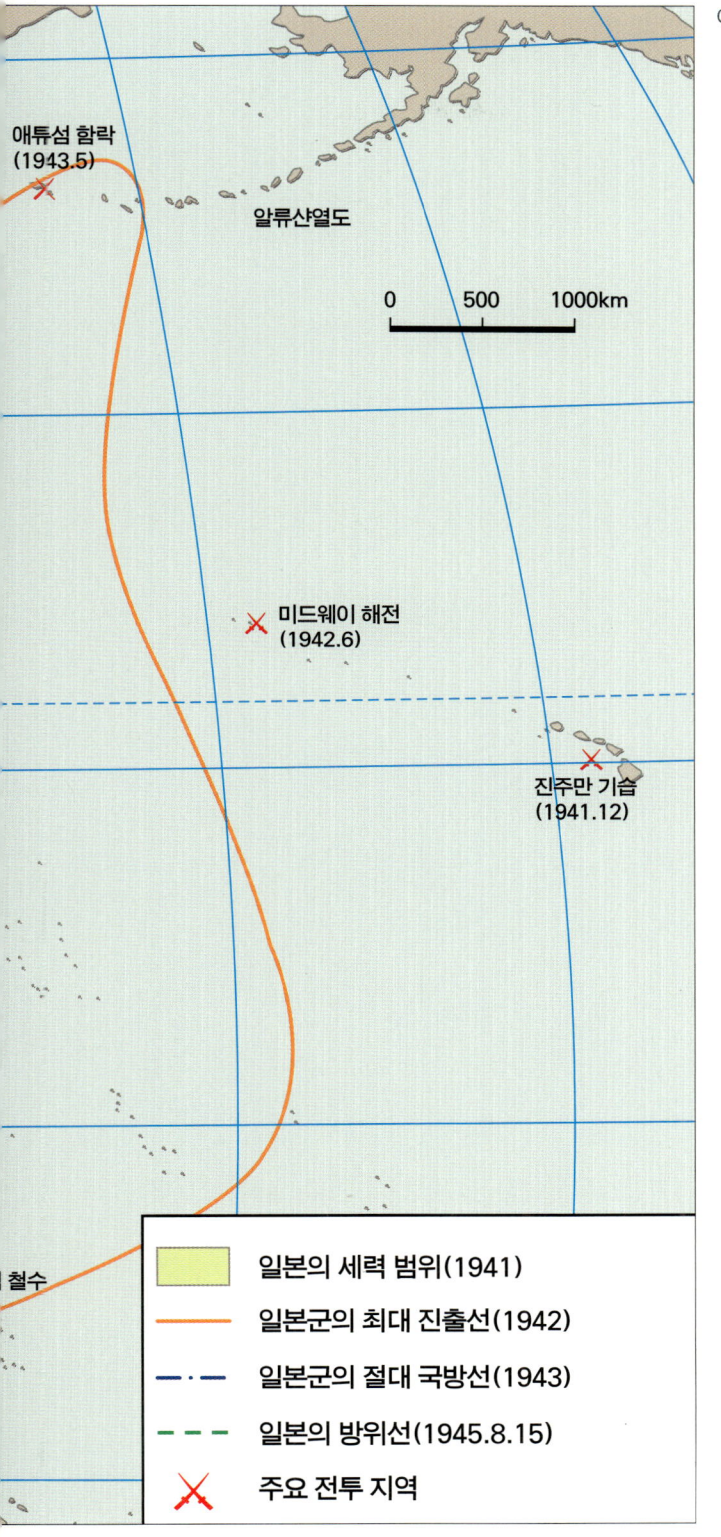

제1장

신문 보도로 보는
아시아태평양전쟁

『아사히신문[朝日新聞]』과 『마이니치신문[毎日新聞]』의 전쟁 보도

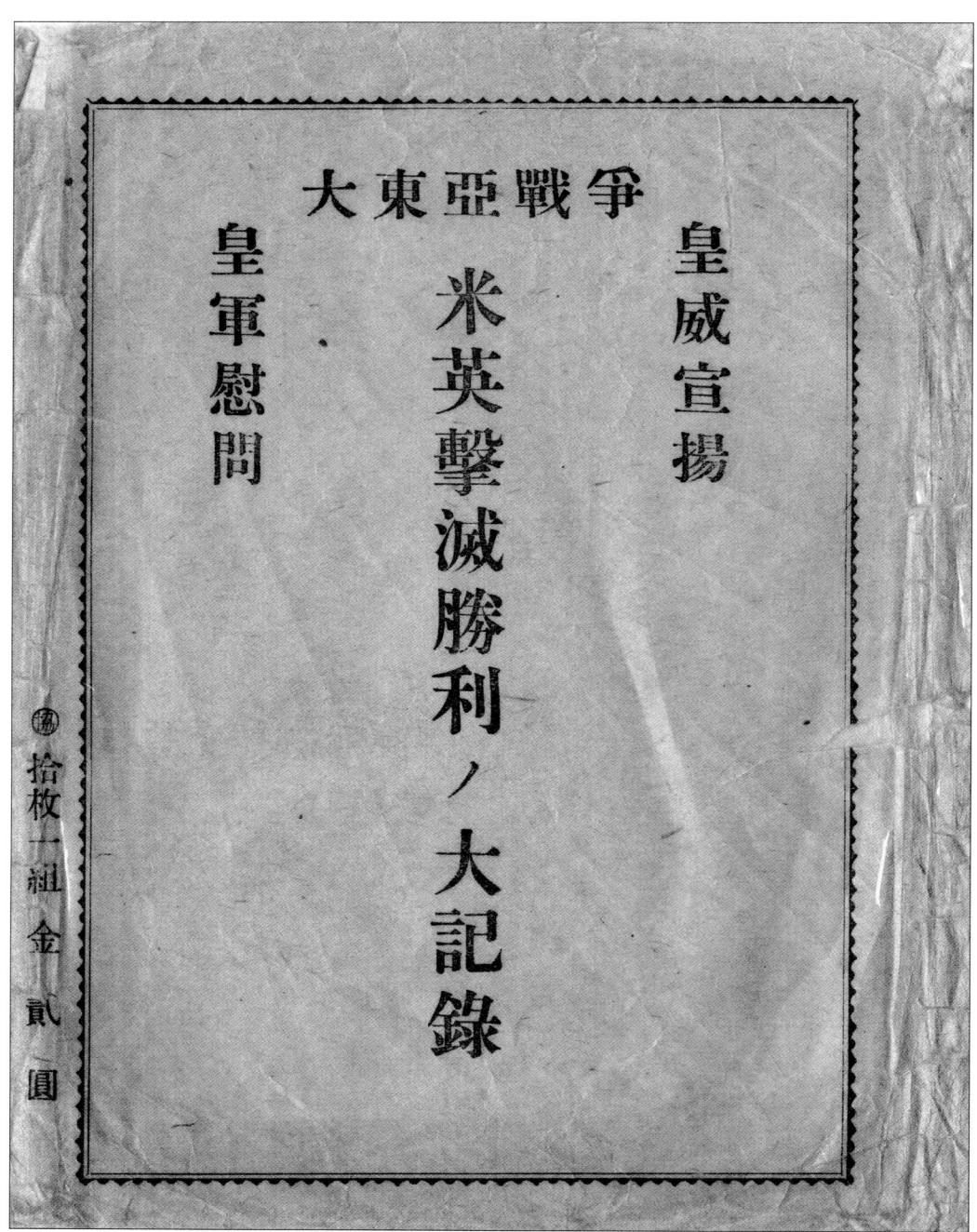

〈그림 1-1〉 '미국·영국을 격멸한 승리의 대기록' 봉투

1. 자료

'미국·영국을 격멸한 승리의 대기록'이라는 제목으로 제작된 이 자료는 대동아전쟁 엽서 시리즈 중 하나로 봉투에는 '10매 한 세트, 가격 2엔'이라고 적혀 있다. 발행기관은 미상이지만, '황위 선양'과 '황군(皇軍) 위문'이라는 소제목으로 보아 군인들의 전의 고양을 목적으로 발행한 것임을 알 수 있다.

제작된 엽서들에는 1941년 12월 8일 아시아태평양전쟁 개전 직후인 홍콩 함락부터 1942년 5월 9일 산호해(珊瑚海) 해전까지 승리를 만끽했던 전쟁 초기의 모습이 담겨 있다. 발행연도는 미상이지만 전쟁 초기 승전을 널리 알리 위해 제작했거나, 전세가 기울기 시작한 1942년 6월 5일 미드웨이 해전 이후에 군인들의 사기 고양을 목적으로 발행됐을 가능성도 있다. 신문 자료들은 『아사히신문[朝日新聞]』과 『마이니치신문[每日新聞]』의 '대동아전쟁'이며, 당시 일본 언론이 국민에게 어떤 식으로 초기 승전을 선전했는지에 중점을 두고 살펴보도록 하자.

2. 아시아태평양전쟁의 전개와 일본

만주사변과 중일전쟁을 일으켜 국제사회에서 고립된 일본이 미국과 결정적으로 대립하게 된 계기는 1940년 독일·이탈리아와 삼국동맹을 체결한 것이었다. 삼국동맹 체결에 대해서는, 첫째, 방공(防共)을 내세우며 중국, 영국과의 관계 개선을 추진하는 일본에 아무 설명 없이 독일이 소련과 불가침조약을 체결했다는 점, 둘째, 히틀러정권의 독일과 무솔리니정권의 이탈리아와 손을 잡으면 미국 및 영국과의 전쟁으로 이어진다는 이유로 일본 국내에서도 반대가 있었다. 그러나 1939년 제2차 세계대전이 발발한 후 독일이 유럽을 석권하자 일본은 식민지 재분할 경쟁에서 뒤처지지 않기 위하여 9월 27일 삼국동맹을 체결하였다.

일본에 대한 경제제재에 나선 미국은 1939년에 일본과의 통상조약을 폐기하고 설철(屑鐵) 수출을 금지하였다. 그리고 일본이 1941년 남부 프랑스령 인도차이나에 진주하자 그 4일 후인 8월 1일에 석유의 일본 수출을 전면 금지하였다. 당시 군함이나 비행기의 연료인 석유 비축량이 약 2년분에 지나지 않았기 때문에 미국과의 전쟁을 반대하던 해군은 오히려 기습전으로 기선을 장악하겠다는 전술을 제시하며 개전에 찬성하게 되었다.

미국은 일본에 헐 노트를 제시하여 만주사변 이전의 상태로 돌아갈 것을 요구하였고, 이를 받아들이기 어려웠던 일본은 1941년 12월 1일 어전회의에서 개전을 결정하였다. 당시 석유의 70~75%를 미국에서 수입하고 있었던 일본은 아시아태평양전쟁 서전에서 남방자원지대를 확보하는 데 목적을 두었다. 그런데 미국을 대신하는 석유 공급지로 확보하려는 네덜란드령 인도차이나, 즉 현재의 인도네시아 지역을 공격할 경우, 싱가포르에는 영국군이, 필리핀에는 미군이 진주하고 있었다. 그래서 그 전에 영미군의 거점을 공격할 필요가 있었다.

일본은 하와이 진주만을 기습하는 한편, 그보다 앞서 말레이반도에 상륙하였다. 필리핀에는 다음 날 이른 아침부터 공격하여 루손섬에 상륙할 예정이었고, 홍콩, 괌, 웨이크섬, 길버트제도 등 영국군과 미군 기지에 대한 공격을 감행하였다. 아시아태평양전쟁 개전 후 일본은 약 반년간 눈부신 전과를 올렸지만, 1942년 6월 초 미드웨이 해전에서 패배함으로써 전황은 전환점을 맞이하게 된다.

제1장에서는 일본이 우세했던 1942년 5월의 산호해 해전까지를 다루고 있다. 전투의 전개 상황은 지도에 표시된 순서를 쫓으며 이해하되, 이 엽서 시리즈의 신문 보도가 전쟁의 진행 상황과 다르다는 점에 유의하도록 하자. 그런데 여기서 눈여겨볼 것은 일본 정부나 대본영, 언론이 전황을 언제 발표하고 보도하는가 하는 점이다. 예를 들면 한 달 후에 돌아보는 진주만 승리의 의미, 3개월 후에 발표된 진주만 기습 당시 희생된 9명의 병사들…, 다시 한번 전의를 다져야 할 시점, 그리고 개전 초의 영웅만들기에 소요된 3개월의 시간까지를 파악하면서 당시의 신문 보도를 비판적으로 살펴보자.

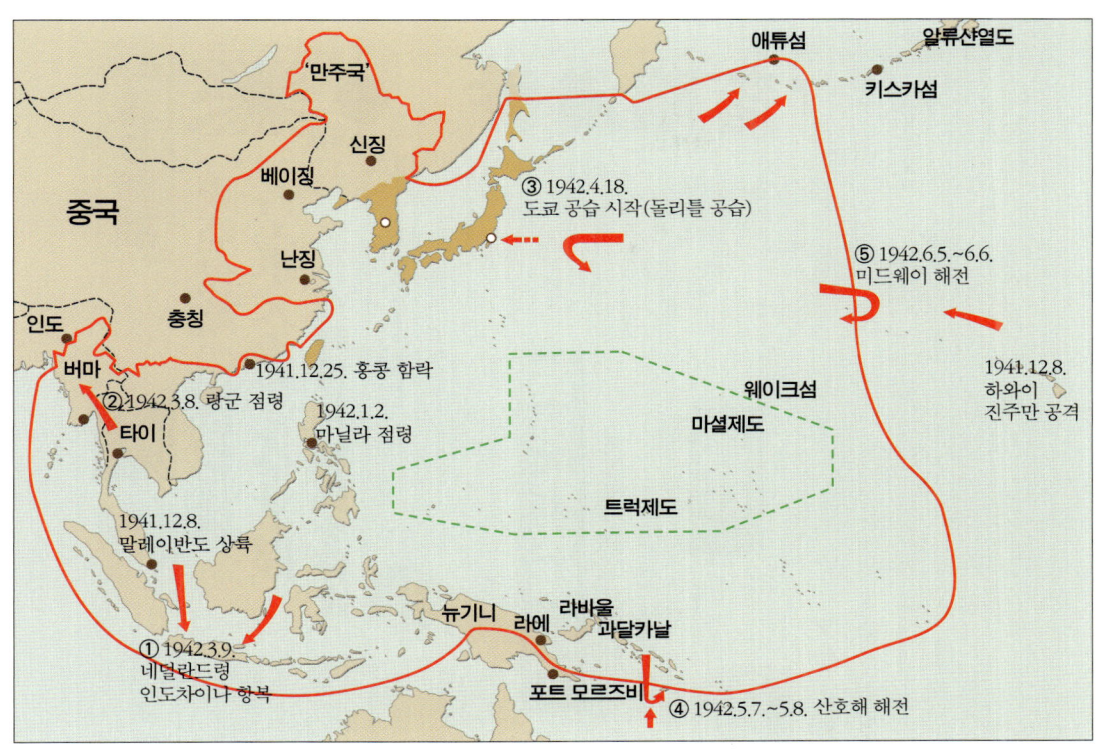

〈그림 1-2〉〈진주만 기습~산호해 해전〉

〈그림 1-3〉『오사카 마이니치신문』 1941년 12월 8일

"홍콩 함락!"
"동아시아 침략의 거점 복멸
황군, 전 섬을 완전 장악, 7시 30분 전투 정지"

아편전쟁의 결과 1942년에 체결된 난징조약으로 홍콩은 영국에 할양되었다. 홍콩은 중일전쟁을 피해 중국 각지에서 몰려든 피난민들로 전쟁 전에 비해 두 배 가깝게 인구가 증가하여 160만 명에 이르렀으며, 중국과 영국을 잇는 경제 동맥으로 성장하여 영국의 장제스 정부 원조 루트 역할도 했다.

1941년 12월 8일, 일본군은 하와이 진주만을 기습하는 동시에 아시아 침략도 병행했다. 일본군 4만 명은 선전포고도 없이 홍콩을 공격하여 5일 만에 주룽[九龍]반도를 점령하고, 18일부터는 홍콩섬을 공략하여 25일 오후에 영국군의 항복을 받아냈다. 홍콩을 점령한 일본군은 100만 명 가까운 홍콩시민을 중국 각지로 귀환시켰다. 그리고 홍콩 달러 대신 일본군의 군표를 유통시키고, 식료품 배급제를 실시했다. 그 결과 식량 부족 사태가 일어나 거리에는 아사한 시체가 즐비했다. 일본의 학정은 헌병대의 주민 학살과 연합군 포로 희생으로 이어졌다.

1945년 8월 15일, 일본이 연합군에 무조건 항복하였으나 일본군의 홍콩 지배는 영국군이 상륙하는 8월 말까지 이어졌다. 영국은 8월 말에 상륙하여 9월 1일에 군정을 수립했다. 중국의 홍콩 해방이 시도되었으나 1946년 홍콩 총독 마크 애치슨 영(Mark Aitchison Young)에 의해 홍콩정청이 부활했다.

〈그림 1-4〉『오사카 마이니치신문』1941년 12월 9일

"선전포고의 대조(大詔) 환발(渙發), 15일에 임시의회 소집"
"오늘 새벽 서태평양에서 미군 및 영국군과 개전하다"

일본 육군은 일본시각으로 1941년 12월 8일 오전 2시 15분 영국령 말레이반도의 코타바루(Kota Bharu)에 상륙하고, 이어서 3시 19분에 일본 해군 기동부대에서 발진한 제1차 공격대가 하와이 진주만을 공습했다. 중일전쟁 이래 영국의 이권을 침식해 온 일본이 대미전(對美戰)에 앞서 대영전(對英戰)으로 포문을 연 것에 주의할 필요가 있다. 일본의 무력 남진은 영국과의 충돌을 불가피하게 했고, 영국과의 전쟁은 미국과의 전쟁을 유발하여 결과적으로 일본은 영국과 동시에 미국과도 전쟁을 시작하게 되었다.

한편, 신문이 보도한 선전포고 조서는 국제법상 위법이었다. 하와이 진주만 기습은 일본시각 12월 8일 오전 3시 19분이며, 주미 일본대사가 미국에 최종 각서를 수교한 것은 4시 20분이었다. 그 내용은 "제국 정부는 합중국 정부의 태도로 보아 교섭을 계속해도 타결하지 못하리라 판단하여 유감스럽게 여기며 통고합니다"였다. 교섭 중지를 통고하는 내용일 뿐 개전 통고가 아니었다. 이처럼 사전 통고 없는 기습 공격으로 국제법을 위반한 일본이 이튿날 국내 신문에 정보국 발표로 선전포고 내용을 실은 것은 국내용 프로파간다에 불과했다.

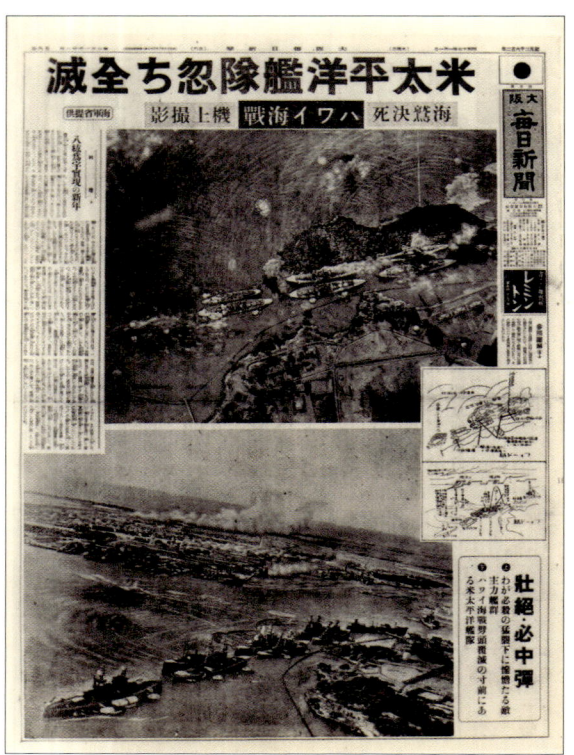

〈그림 1-5〉『오사카 마이니치신문』1942년 1월 1일
"미국의 태평양 함대 전멸"

〈그림 1-6〉『오사카 마이니치신문』1942년 1월 1일
"일거에 유린하다, 진주만!"

『오사카 마이니치신문』 1942년 1월 1일 기사는 하와이 진주만 승전을 사진 중심으로 보도했다. 일본 해군은 항공모함을 이용하여 미국 태평양 함대를 기습해 치명타를 입혔다. "일거에 유린하다, 진주만!"이라는 머리기사가 어느 정도는 사실이다. 하지만 미국 항공모함들이 진주만에 정박하지 않아 피해를 면했고, 일본군이 주력함이나 비행장 공격에 집중하여 독(dock)이나 유류 탱크 등의 피해가 크지 않아 진주만 기지의 기능에 큰 타격을 입히지는 못했다. 더욱이 선전포고 없는 '비겁한' 기습 공격은 미국민의 분노를 일으켜 고립주의에 대한 여론을 바꾸는 계기가 되었다. 결국 미국은 제2차 세계대전 참전을 결정하며 일본과의 전면전을 선언했다.

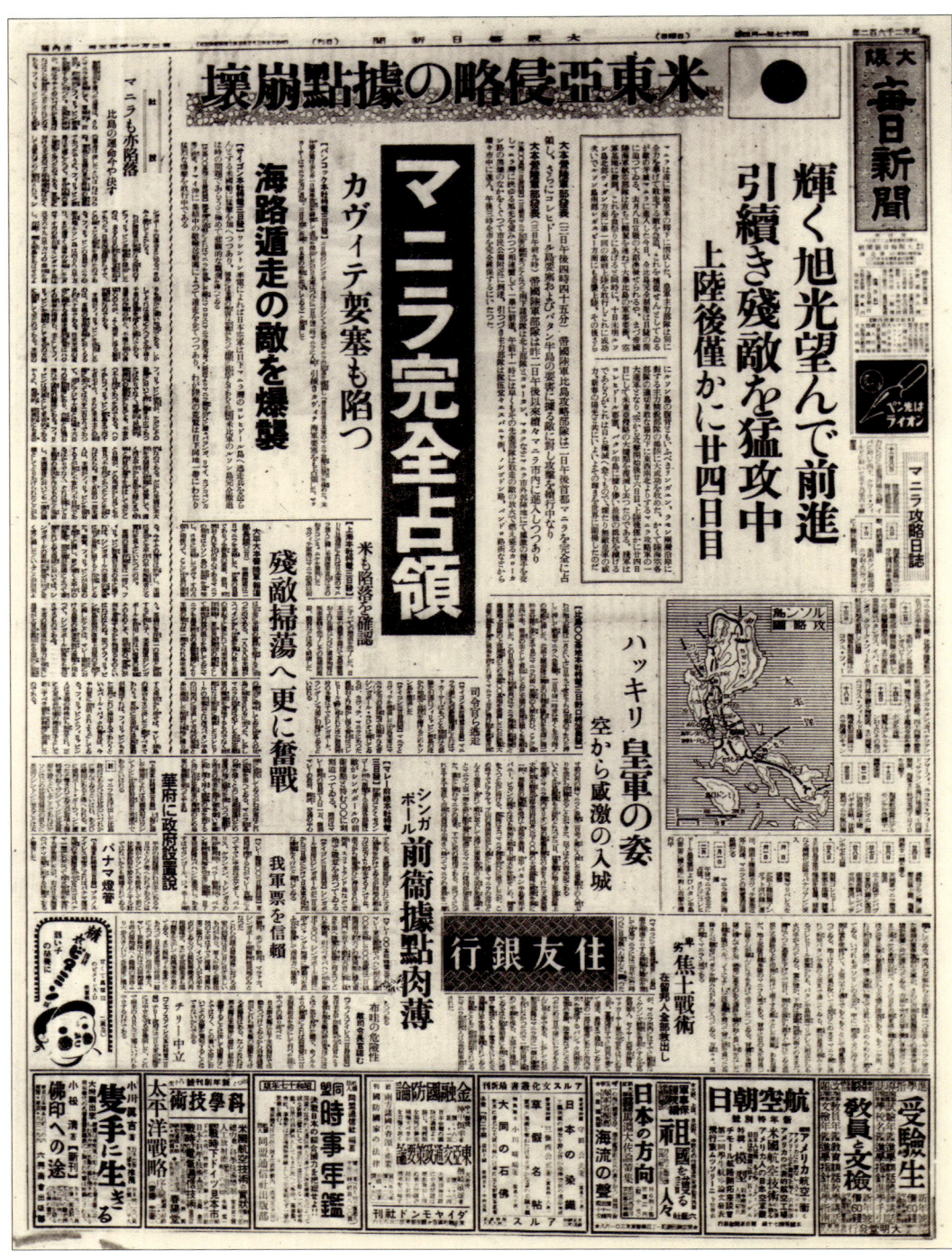

〈그림 1-7〉『오사카 마이니치신문』1942년 1월 4일
"미국의 동아시아 침략 거점 붕괴"
"마닐라 완전 점령"

1941년 12월 8일, 일본은 개전과 동시에 미국의 식민지였던 필리핀의 마닐라와 루손섬의 미군 시설을 폭격하고, 이어서 카가얀과 팡가시난 등에 상륙했다. 12월 24일, 맥아더 장군은 독립과도정부 관리들에게 코레히도르로 이동을 명령하였다. 12월 26일 마닐라는 전투를 피하기 위해 비무장 도시(open city)를 선언했지만 일본은 니콜스 비행장과 마닐라항, 카비테항을 폭격했다.

마닐라 함락 후 바타안(Bataan)반도에서 농성 중이던 미군도 일본의 맹공으로 1942년 4월 9일 항복하였다. 일본군은 약 7만 8,000여 명의 포로들을 수용소까지 100km 이상 행군하도록 했다. 뜨거운 태양 아래 피로와 질병으로 포로들은 차례로 쓰러졌고, 미군 1,200~2,300명과 1만 6,000명의 필리핀 병사가 죽은 것으로 추산된다. 이 행군을 '바타안 죽음의 행진(Death March of Bataan)'이라 부르며, 수용소에서도 영양실조와 말라리아 등으로 4만 5,000명의 병사가 사망했다고 한다.

마닐라 점령 후 시작된 일본군정에서는 약 40년간의 미국 지배 흔적을 지우기 위해 미국 문화를 배제하고 일본어 수업을 필수로 하였다. 이 시기는 필리핀인들에게 헌병대, 질병, 게릴라, 기아, 그리고 일본인들의 밀정인 필리핀인 등 다섯 가지로 기억되고 있다.

일본 지배에 저항하는 필리핀인들은 필리핀의 복잡한 지형을 이용하여 항일 게릴라운동을 전개했고, 일본군은 게릴라 협력자 처벌이라는 명목으로 각지에서 많은 주민을 무차별 살인했다. 1945년 미군이 마닐라로 진입한 후 이와부치 산지[岩淵三次, 1895~1945]가 지휘하는 마닐라해군방위대가 미군과 약 3주 이상 격렬한 시가전을 전개했을 때 마닐라 시내에 남아 있던 약 70만 명의 시민들은 미군과 협력하며 게릴라로서 일본과 싸웠다. 2월 10일에서 3월 3일 사이의 전투에서 일본군은 부녀자 강간과 영유아 살인, 방화는 물론 동맹국인 독일과 스페인 등 유럽계 백인도 무차별 살육했다. 민간인 희생자는 10만 명 정도로 추산되며, 그중 60%가 일본군에 의한 학살이라고 한다. 이 학살에 대한 책임으로 전후 마닐라군사재판에서 야마시타 도모유키[山下奉文, 1885~1946], 극동군사재판에서 무토 아키라[武藤章, 1892~1948]가 유죄 판결을 받고 처형되었다.

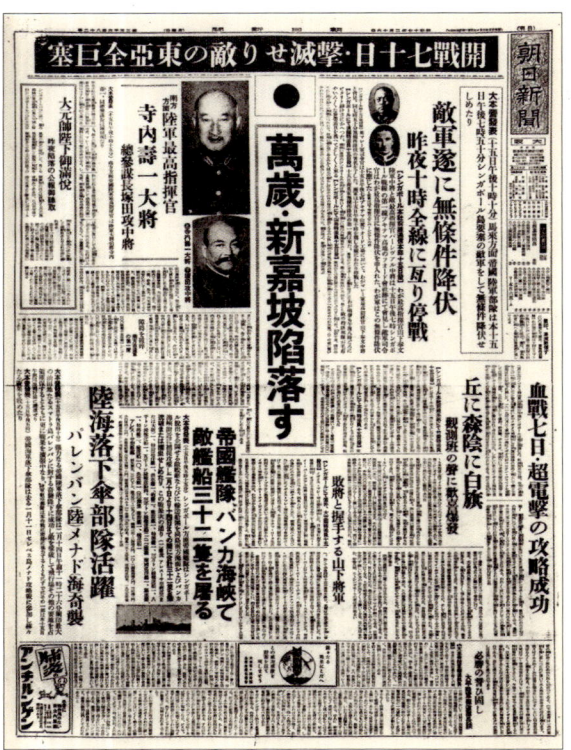

〈그림 1-8〉『아사히신문』1942년 2월 16일
"개전 70일, 격멸된 적의 동아시아 전 요새"
"만세, 싱가포르 함락"

〈그림 1-9〉『오사카 마이니치신문』1942년 2월 20일
"사설: 전과(戰果), 이윽고 남방으로 전개되다"
"싱가포르 함락의 역사적 사진"

『오사카 마이니치신문』 1942년 2월 20일 사진은 영국군 수뇌부가 1942년 2월 15일 항복문서에 조인하는 장면이다. 일본군의 말레이·싱가포르 공격은 1941년 12월 8일의 코타바루 점령으로 시작하여 이듬해 1월 31일 조호르바루, 2월 부킷 티마 전투로 이어졌다.

  일본은 예상보다 빠른 승리에 취하여 처음에 세웠던 방위선을 확장하여 전력을 분산하게 되었다. 병기나 물자 보급 능력을 고려하지 않은 전력 분산은 이후 일본의 패배를 앞당기는 원인이 되었다.

  싱가포르는 일본에 점령된 후 쇼난도[昭南島]로 불리게 되었고, 군표 남발과 물자 부족으로 어려움을 겪었다. 또 일본군의 폭력 아래 반일 분위기가 고조되었다.

  말레이시아와 싱가포르는 전체 인구의 43% 이상이 화교였다. 일본군은 이들을 중국계라는 이유로 탄압하고, 1942년 3월에 말레이반도 각지에서 일본에 반감을 품은 자, 공산당원이라고 생각되는 자를 '대검증'하고 재판 없이 '엄중 처벌'하여 죽였다. 그 숫자는 정확히 알 수 없으나 일본 측 주장으로는 약 5,000명 이하, 싱가포르 측 주장으로는 최대 약 10만 명에 달하기도 한다.

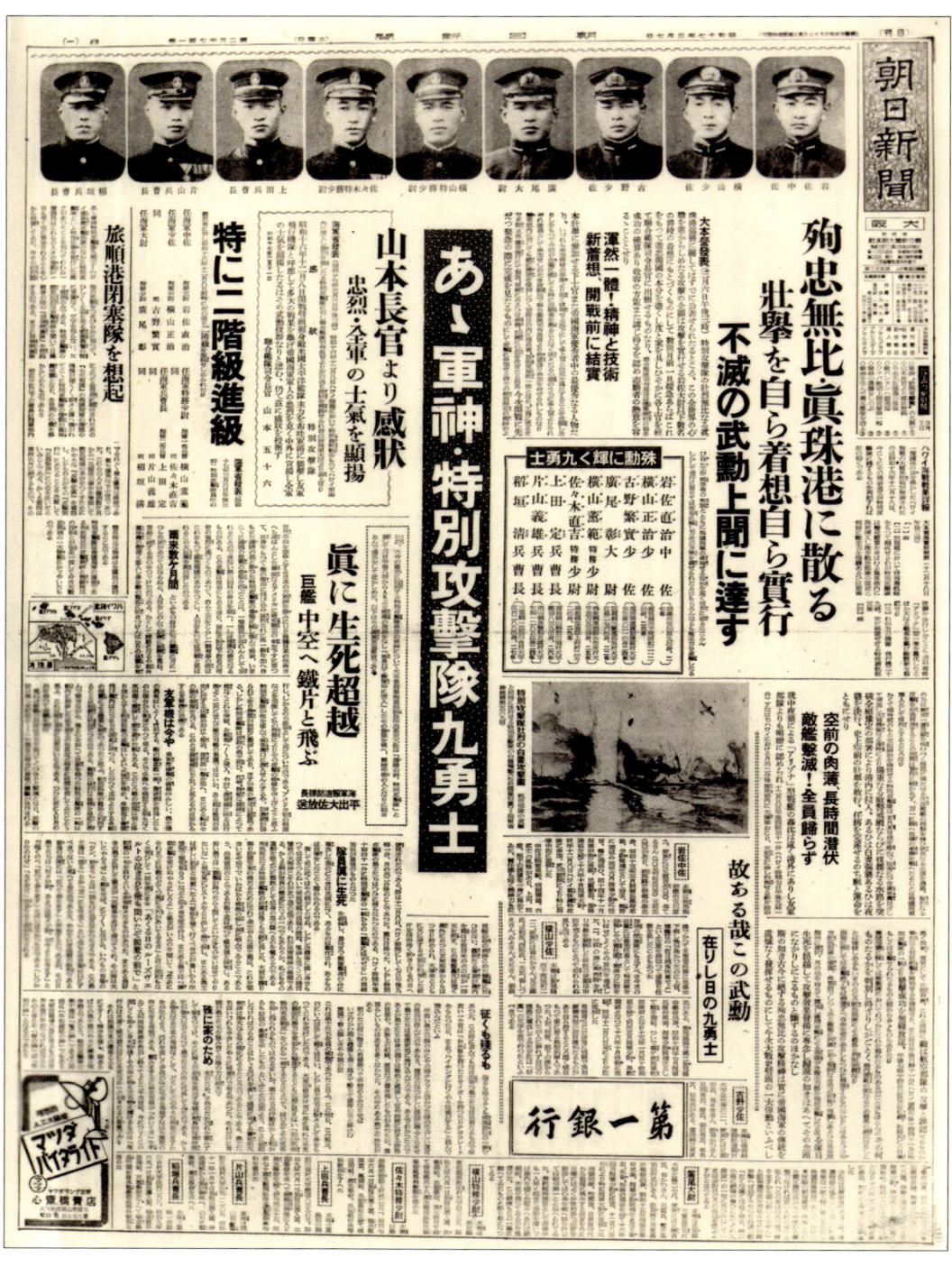

〈그림 1-10〉『아사히신문』 1942년 3월 7일
"순충무비(殉忠無比) 진주항에 지다"
"아아, 군신 특별공격대 9용사"

1941년 12월 8일, 일본 해군 기동대가 하와이 진주만을 기습했을 때 갑표적(甲標的), 즉 소형 잠수정 5정도 참전하였다. 이 잠수정은 2인승으로 길이 약 24m, 직경 약 2m, 어뢰 2발을 장착했다. 모함인 잠수함에서 발진하여 공격 후에는 다시 모함에 돌아가므로 가미카제(神風)와는 달리 탑승자 생환을 전제로 했다. 그러나 소형 잠수정의 항속력이 낮아 복귀가 어려웠을 뿐 아니라 이들을 수용하기 위해서는 모함이 수면 위로 노출되는 위험을 감수해야 했다. 그 때문에 해군 내부에서도 반대 의견이 있었으나, 소형 잠수정의 송출 전파를 모함이 감지하여 유도하는 것이 가능하다는 주장을 받아들여 참전하게 되었다. 22~28세의 병사 10명이 탑승했던 5정의 소형 잠수정은 미국 함선에 의해 격침되거나 좌초되었다. 일본 대본영 해군부는 12월 18일 "최소한 전함 1대를 격침하는 등 커다란 전과를 올려 적을 벌벌 떨게 하였다"고 발표했지만, 사실 여부는 확인되지 않는다.

진주만 기습 3개월 후인 1942년 3월 6일 대본영은 소형 잠수정에 탑승한 9명의 죽음을 발표했다. 이에 맞춰 각 신문은 이들을 '9군신(九軍神)'으로 추앙하며 집중보도했다. 이들은 대위에서 2등 병조(兵曹, 오늘날 하사관에 해당)에 이르는 하급 장교로 젊은 리더의 이미지가 강조되었으며, 개인이 아니라 팀을 구성하여 죽을 각오로 사전에 준비했다는 점에서 새로운 유형의 군신이 되었다. 또 팀 전원이 미혼이었으므로, '제국의 영광을 위해 자식을 조국에 바친' 어머니 이미지도 연출되었다.

그런데 5척의 소형 잠수정 승무원은 총 10명인데 나머지 한 명은 어떻게 되었을까? 일본이 역사에서 이름을 지워버린 사카마키 가즈오(坂卷和男, 1918~1999) 소위는 산호초에 좌초하여 의식을 잃고 포로가 되었다. 미군 라디오 방송은 사카마키가 포로가 되었다고 공표하였으나 일본 해군은 비밀에 부쳤고, 2계급 특진한 죽은 동료들과는 달리 1944년 8월 31일 자로 예비역에 편입되었다. 그는 미군 포로 1호로서 자결하려는 일본군 포로들을 설득했고, 통역사로도 활약했다. 1946년 귀국한 후에는 도요타자동차에 입사하여 평범한 인생을 살았다.

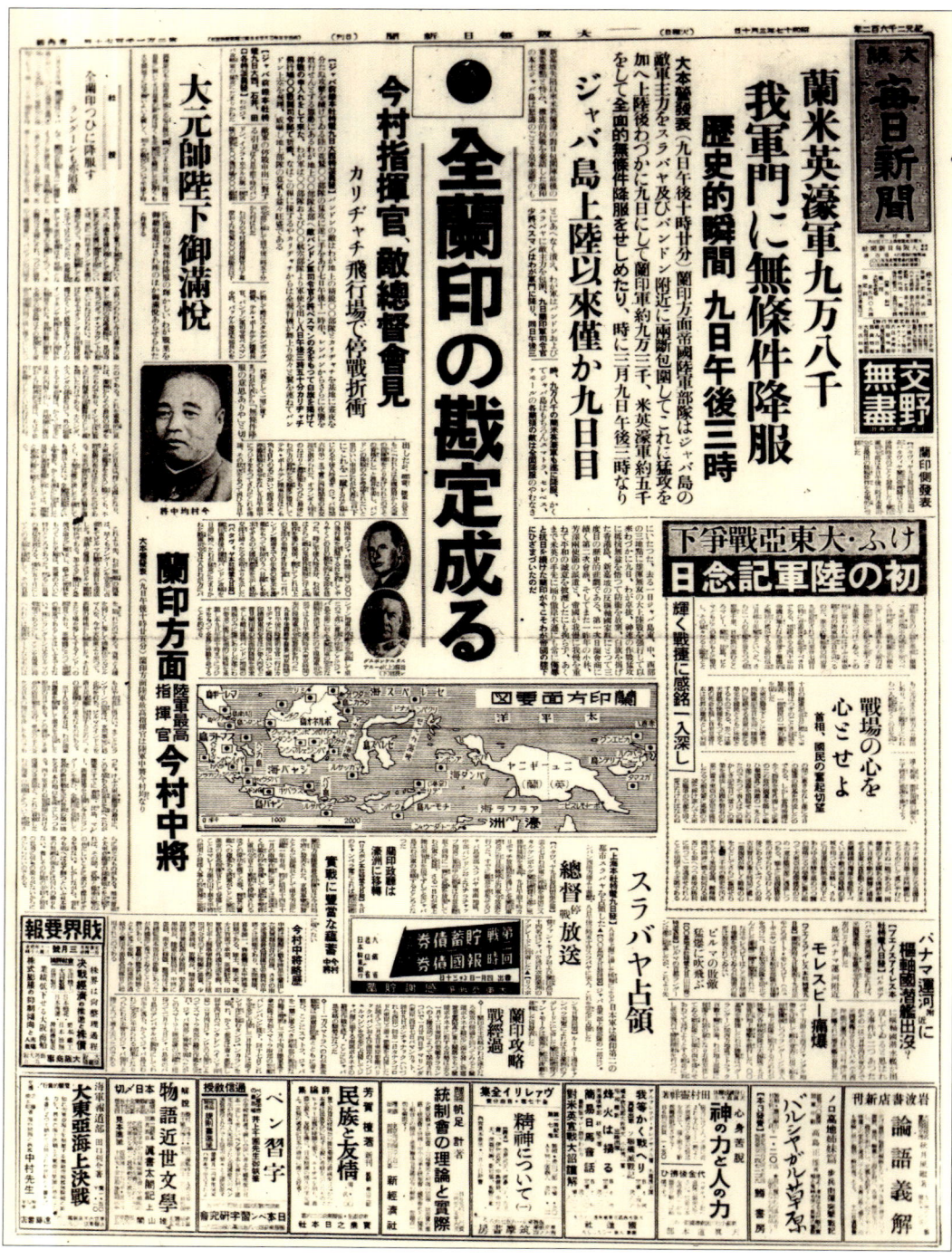

〈그림 1-11〉『오사카 마이니치신문』 1942년 3월 10일

"네덜란드·미국·영국·호주군 9만 8,000명 우리 군문에 무조건 항복"
"네덜란드령 인도차이나 전체 평정"

인도네시아의 여러 섬들은 17세기부터 네덜란드 동인도회사의 지배를 받기 시작하여 1824년 영란협약(英蘭協約)으로 네덜란드령 인도차이나로 영역이 확정되었다. 일본은 아시아태평양전쟁을 수행하기 위한 석유자원을 확보하기 위해 당시 네덜란드령 인도차이나를 침략했다. 사실상 일본이 영국, 미국을 상대로 전쟁을 일으킨 것은 이 지역을 차지하려는 것이었고, 말레이반도와 필리핀 점령도 프랑스령 인도차이나 공략의 포석이었다. 아시아에서 손꼽는 석유 산지이자 철강자원이 풍부한 이 지역을 손에 넣기 위해서는 필연적으로 영국, 미국과 전쟁을 하지 않을 수 없었다. 1942년 1월 11일에 타라칸(Tarakan)섬에 상륙하고, 2월 14일에 유전지대인 수마트라섬 팔렘방(Palembang)에 낙하산부대를 투입하였다. 3월 1일 일본군이 자바섬에 상륙하자 3월 9일 네덜란드군이 항복하였고, 12일에는 반둥에 있던 영국·호주군도 항복하여 연합군 전체가 항복하게 되었다.

일본군은 인도네시아에 대해 자바와 수마트라는 육군이, 그 외는 해군이 패전 직전까지 3년 반에 걸쳐 군정을 시행하였다. 일본은 석유 외에도 자바의 풍부한 노동력과 쌀을 수탈했으며, 약 400만 명에 달하는 로무샤[勞務者]들을 군사시설 건설에 동원하였다. 이들은 유급으로 동원되었으나 혹독한 노동 환경으로 인해 병자와 사망자가 속출했다. 켐페이타이[憲兵隊]와 로무샤는 일본의 잔혹한 지배의 상징이었다.

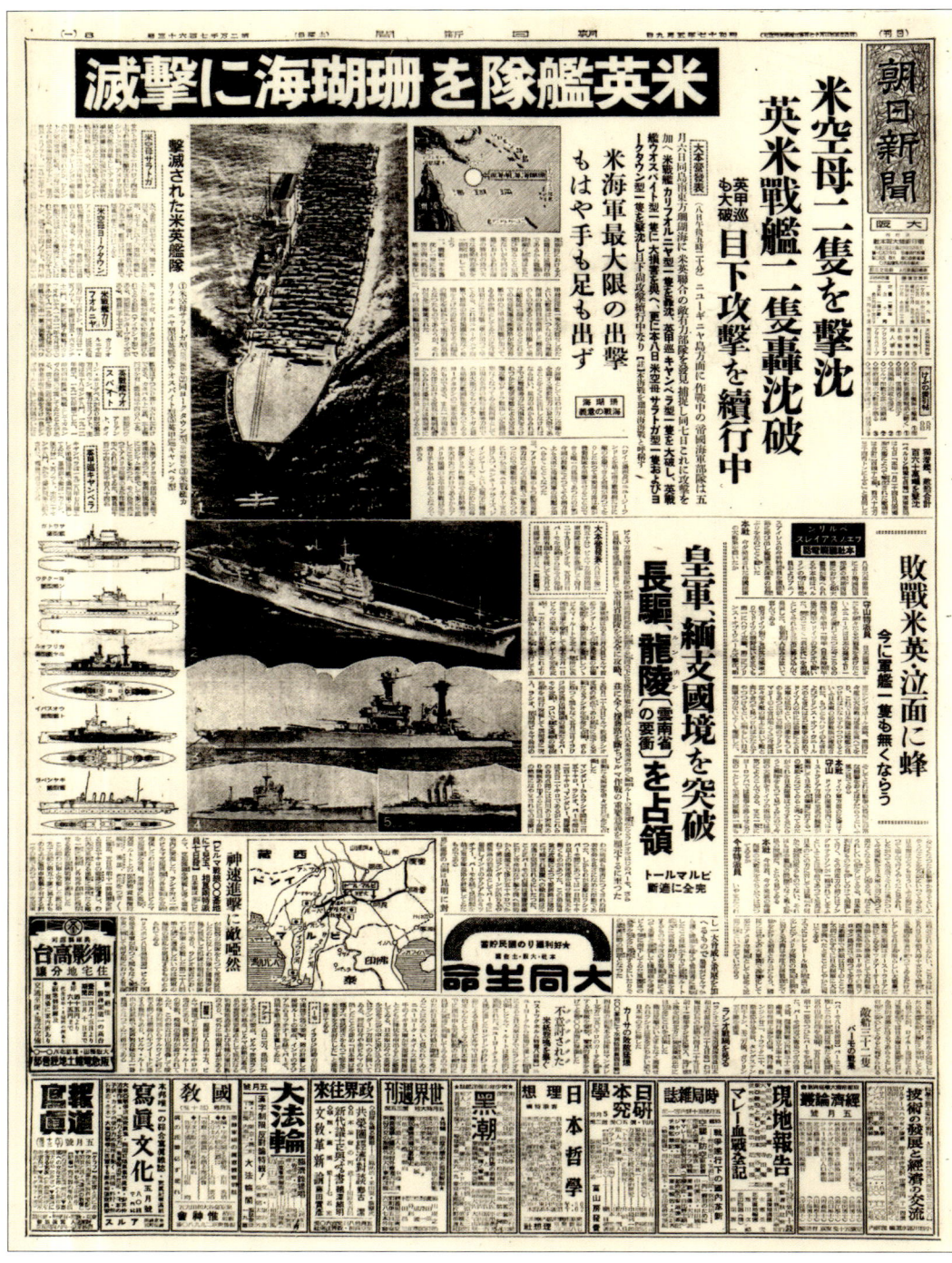

〈그림 1-12〉『아사히신문』 1942년 5월 9일
"산호해에서 미국·영국 함대 격멸"
"미군 항공모함 2척을 격침"

일본 해군은 미국과의 국력 차이 때문에 장기전을 피하고자 했다. 따라서 적극적인 공세를 펼쳐 미국에 단기전을 강요하여 전의를 상실케 한다는 것이 기본 전략이었다. 이에 따라 1942년 1월에 뉴기니 공략을 시작으로 3월에는 뉴기니 동부의 라에(Lae), 살라마우아(Salamaua) 등을 점령하였다. 이어서 제4함대가 호위하는 일본군 수송 선단이 연합군의 거점인 뉴기니 남부의 포트 모르즈비(Port Moresby)를 공략했다. 이때 일본과 미국이 격돌한 전투가 바로 산호해(珊瑚海) 해전이다.

1942년 5월 7일부터 이틀에 걸쳐 치러진 이 해전은 사상 최초로 벌어진 해상 항공전이었다. 일본 해군은 작전 지원을 위해 항공모함 쇼카쿠[翔鶴]와 즈이카쿠[瑞鶴], 이를 호위하는 제5 항공전대를 투입하고 경항공모함 쇼호[祥鳳]를 중심으로 새로 공격부대를 편성하였다. 한편, 일본군의 암호를 해독하여 공격 목표를 알게 된 미군은 항공모함 렉싱턴과 요크타운을 주력으로 하는 제17 기동부대를 편성하여 산호해에 파견하였다. 전투 결과 일본은 미군 항공모함 렉싱턴, 구축함 시무스 등을 격침시키고, 요크타운에 손상을 입혔으나, 항공모함 쇼호와 구축함 기쿠즈키[菊月]가 침몰하고, 쇼카쿠가 크게 파손되는 피해를 입었다. 언뜻 보기에 양측의 손실이 비슷해 보이지만, 아시아태평양전쟁 전체를 볼 때 일본이 입은 타격이 훨씬 컸다. 이 해전으로 일본 해군은 많은 비행기와 숙련된 비행사를 잃고 포트 모르즈비 공격을 포기하지 않을 수 없게 되어 파죽지세의 기세가 꺾였다. 또한 이때 대파된 쇼카쿠와 다수의 함재기를 잃은 즈이가쿠는 미드웨이 해전에 참전하지 못했지만, 미 해군의 요크타운은 단기간에 수리를 마치고 복귀하였다. 결국 산호해 해전이 미드웨이 해전의 명운을 갈랐지만, 이 신문기사에서는 미국과 영국의 피해만 보도하고 일본의 피해는 언급하지 않았다.

제2장

보도 사진으로 보는
아시아태평양전쟁

『요미우리신문[読売新聞]』의 전쟁 보도

1. 자료

제2장의 자료들은 『요미우리신문[読売新聞]』의 보도 사진으로 1942년부터 1945년 패전 때까지 매주 2~3회씩 발행된 것이다. 지역적으로는 인도에서 북아메리카의 애튜, 키스카, 동남아시아와 태평양 지역의 전투를 망라하고 있다. 아쉬운 점이라면 아시아태평양전쟁 기간 『요미우리신문』의 보도 사진 전체가 아니라는 것이다. 제한된 자료 속에서 전쟁을 바라본다는 한계가 있지만, 당시 일본 정부와 언론이 진실을 어떻게 왜곡했는가는 충분히 알 수 있다.

아시아태평양전쟁 당시 일본의 신문과 라디오는 일본군의 전과는 부풀리고 패배는 감추면서 밀림과 바다에서 싸우는 병사들의 모습을 보도했다. 국민들의 전의를 고양하기 위한 일본 언론의 보도는 일본군 승리, 현지 주민들의 협력, 아시아 민족 해방을 위한 노력 등으로 다양하게 포장됐다. 하지만 이런 목적의 보도 사진에도 가려지지 않는 것들이 있다. 그것은 바로 밀림과 계곡을 뚫고 가는 일본군의 모습을 통해 드러나는 작전의 무모함과 병사들의 지친 모습, 현지 주민들과 일본군의 유리된 모습, '옥쇄'라는 이름의 집단 전사 등이다.

이 장에 소개된 사진들은 이미 일본의 패색이 짙어가는 시기의 것들이다. 인쇄된 사진 설명과 필자의 해설을 비교하면서 사진의 허와 실을 살펴보자.

2. 구성

제2장에서는 보도 사진들을 날짜별로 정리하고, 다시 지역별·주제별로 분류하였다. 내용 구성은 다음과 같다.

① 찬드라 보스와 인도 독립
② 버마 독립
③ 인도-버마 국경 전투, 임팔 전투
④ 일본의 필리핀 점령과 라우렐 괴뢰정권
⑤ 솔로몬제도와 과달카날 전투
⑥ 야마모토 이소로쿠(山本五十六, 1884~1943) 원수의 죽음
⑦ 북아메리카 애튜섬 전투
⑧ 솔로몬 해전
⑨ 뉴기니·라바울·부건빌 전투
⑩ 길버트제도·마셜제도 전투
⑪ 마리아나 해전과 사이판 전투
⑫ 타이완 먼바다 항공전
⑬ 레이테만 해전, 필리핀 방어전
⑭ 특별공격대(特別攻擊隊, 특공대)와 생환을 용납하지 않은 자살공격대

주제별로 전체 해설을 실었으며, 사진에는 인쇄된 설명을 붙였다. 그리고 필요할 경우 따로 해설을 달기도 했다. 엽서의 날짜는 전투가 이루어진 날이 아니라 엽서 발행일이며, 이미 일본군의 패전이나 전멸이 확정된 후에도 일본의 전승이 보도되었다. 전쟁의 추이와 각 지역의 상황을 보도 사진과 비교하고, 지도를 참조하면서 아시아태평양전쟁의 전세 변화에 따라 자료를 보면 더욱 이해하기 쉬울 것이다

1.
찬드라 보스와 인도 독립

수바스 찬드라 보스(Subhas Chandra Bose, 1897~1945)는 인도의 급진적인 독립운동가로서 지도자라는 의미의 경칭인 네타지(Netaji)로 불린다. 제2차 세계대전 중 나치 독일과 일본의 도움을 받아 인도를 독립시키려고 했기 때문에 비판도 받지만, 인도에서는 마하트마 간디(Mahatma Gandhi), 자와할랄 네루(Jawaharlal Nehru)와 함께 추앙받는 독립 영웅이다. 콜카타 국제공항의 정식 명칭이 그의 이름을 딴 네타지 수바스 찬드라 보스 국제공항(Netaji Subhas Chandra Bose International Airport)이 이를 증명한다.

그는 제2차 세계대전이 발발하자 1939년 소련을 통해 독일로 건너가 소련·독일 연합이 북쪽에서 인도를 공격하자는 전략을 폈으나, 히틀러에게 이용당하며 주로 영국에 선전 방송을 하거나 북아프리카 전선에서 영국군으로 파견된 인도군을 전향시키는 역할을 했다.

일본군이 인도에 접근하자 1943년에 일본으로 건너가 추축국의 도움으로 인도를 해방하고자 하였다. 1943년 10월 21일, 일본의 후원과 동남아시아 인도인들의 지지로 싱가포르에서 자유인도 임시정부를 수립하고 주석 겸 수상으로 취임하였고, 말레이반도와 싱가포르 전투에서 포로로 잡혀 전향한 인도인 4만 5,000명을 모아 인도국민군(INA)을 조직하여 최고 사령관직에 올랐다.

일본이 패망한 후에는 타이완에 머물다가 소련으로 망명하기 위해 8월 18일 타이완 쑹산[松山] 공항을 출발하였으나 비행기가 추락하여 사망했다.

〈그림 2-1〉 1943년 6월 25일

"독일에 있으면서 인도 독립 투쟁을 계속해온 수바스 찬드라 보스 씨는 이번에 갑자기 일본을 방문하여 도조 수상 등 각료들과 회견하였다. 사진은 기자단과 회견하는 보스 씨"

* 찬드라 보스는 일본이 1941년 12월 8일 영국령 말레이반도를 공격하여 영국·미국·네덜란드에 승리하는 것을 보고 일본과 접촉했다. 당시 일본 외무성이나 육군은 보스의 가치를 충분히 인식하지 못하다가 국내외에 널리 알려진 인물이라는 것을 알고 일본행을 추진했다. 보스는 1943년 4월 27일 마다카스카르에서 일본 해군 잠수함에 승선하여 5월 16일 도쿄에 도착했다. 그는 인도독립연맹 총재와 인도국민군 최고 사령관에 취임하는 한편, 도조 수상과도 회견했다. 이 사진은 도조 수상과 회견한 후 행해진 기자단 회견 모습이다. 이후 보스는 10월 21일 싱가포르에서 자유인도 임시정부를 수립하고, 11월에 대동아회의에 참석하기 위해 다시 일본을 방문했다.

2.
버마 독립

인도차이나반도의 강력한 국가 중 하나였던 버마는 1885년 영국령 인도제국의 한 주로 편입되었다가 1937년부터는 인도제국에서 분할되어 별도의 통치를 받았다. 1930년대부터 버마에 독립운동의 기세가 강해지자 일본은 반영 운동가들을 이용하여 남방정책을 추진하였다. 우리버마연맹(We Burmans Association)의 아웅산(Aung San, 1915~1947)을 1940년 8월 일본으로 탈출시켜 일본 육군이 지원하여 버마독립의용군 창설에 도움을 주었다.

버마 북부 지역은 중국과 국경을 접하고 있어 연합군은 중국 윈난성[雲南省]의 쿤밍[昆明]으로 지원 물자를 수송했다. 일본은 연합군의 장제스 원조 루트 중 버마 루트를 봉쇄하기 위해 영국령 버마로 진격했다. 일본군은 1942년 1월에 군사동맹을 체결한 태국을 통해 버마에 침입했으며, 이때 동원된 버마독립의용군은 '해방군'으로 환영받았다.

일본은 반영운동으로 투옥되었던 바모(Ba Maw, 1893~1977)를 석방시켜 1942년 8월에 중앙행정부 장관으로 임명하고, 버마의 완전 독립을 약속하였다. 1943년 8월 1일, 바모를 의장으로 하는 독립준비위원회는 일본의 지원을 받아 독립을 선언하였고, 바모는 국가대표 겸 초대 총리로 취임하였다. 그는 일본과 동맹을 체결하고 연합국에 선전포고를 하는 한편, 1943년 11월 도쿄에서 열린 대동아회의에 버마 대표로 참가하였다.

버마는 일본의 군사기지로 전락하여, 쌀과 면화, 광물자원 등이 징발당하고, 일본 군표가 남발되어 경제가 혼란에 빠졌다. 또한 일본에 반감을 갖거나 영국에 협력하는 사람은 혹독한 처벌을 받았으며, 버마철도(일명 泰緬鐵道) 건설에 버마인들이 강제동원되었다.

〈그림 2-2〉 1943년 6월 23일

"도조 수상은 14일 관저에서 내방한 버마 방일시찰단 일행에게 '신 버마 건설을 위해 헌신적으로 노력해 주기 바란다'며 힘주어 격려하였다"

〈그림 2-3〉 1943년 8월 8일

"독립을 이루어 평화와 환희에 젖은 버마 북부 고원의 이동시장. 희망의 빛은 그들 위에 찬란히 빛난다"

〈그림 2-4〉 1943년 8월 6일

"독립과 동시에 미국과 영국에 선전포고하고, 찬란한 위용을 드러낸 버마. 그 버마를 표상하는 쉐다곤 파고다(금탑)에 투쟁의 날개를 펼친다"

〈그림 2-5〉 1943년 8월 15일
"수도 랑군의 대전당에서 버마 독립의 성대한 의식이 거행됐다. 바모 대표의 독립선언으로 찬란한 유신의 막이 열렸다"

* 바모(Ba Maw, 1893~1977)는 명문가 출신으로 아버지는 유럽에 주재했던 왕실 외교관이었다. 랑군대학을 졸업하고 교사로 일하다 캘커타와 케임브리지에 유학한 후 변호사를 개업했다. 영국령 인도제국에서 버마 분리를 지지하며, 1934년 문교장관을 역임하고 1937년 버마가 인도에서 분리되자 초대 총리에 취임했다. 제2차 세계대전이 발발하자 버마가 영국군의 일원으로 참전하는 것을 반대하여 1940년 8월에 민중선동죄로 체포되었다. 아웅산 등이 일본과 협력하여 버마독립의용군을 창설하고 1942년 3월에 랑군을 함락시키자 그는 5월에 석방되어 8월에 중앙행정장관에 임명되었다. 1943년 8월 1일 바모를 의장으로 하는 독립준비위원회는 일본의 지지를 얻어 버마국 독립을 선언했다. 바모는 국가대표 겸 내각총리대신으로 취임하여 일본과 동맹을 체결하고 연합국에 대해 선전포고를 했다. 11월에는 도쿄에서 열리는 대동아회의에 버마 대표로 참가했다. 버마국민군이 쿠데타를 일으켜 영국 측으로 돌아서자 일본군은 1945년 5월 일본군은 랑군에서 철수하였고 버마국도 붕괴했다. 바모는 8월에 태국을 경유하여 일본에 망명했으며, 1946년 버마로 귀국했다.

〈그림 2-6〉 1944년 4월 19일

"버마에서는 빈 땅을 활용하는 데 수상 부인인 킨마마 씨(오른쪽 끝)까지 출동했다. 네 명의 따님들을 독려하여 정원을 채소밭으로 바꾸고 있다"

3.
인도-버마 국경 전투, 임팔 전투

아시아태평양전쟁 개전 이전에 이미 일본은 중국과 4년여 걸쳐 전쟁을 치르고 있었다. 중일전쟁 발발 이래 전선이 확대될 뿐 장제스[蔣介石]가 이끄는 중국군은 쉽사리 굴복하지 않았다. 압도적인 열세에도 중국군이 버틸 수 있었던 것은 영국과 미국을 비롯한 열강의 군사적 원조가 있었기 때문이었다. 일명 '장제스 원조 루트'라 불리는 중국 지원 경로는 홍콩 루트, 소련 루트, 프랑스령 인도차이나 루트, 버마 루트였다. 일본이 홍콩과 프랑스령 인도차이나에 진출한 이후 다른 루트들은 차단되고, 랑군에서 육지로 수송하여 라시오-쿤밍(昆明)에 이르는 버마 루트만 남았다. 1942년 1월 버마 공격에 나선 일본군은 중국 원조 물자가 바다에서 육로로 이송되는 랑군을 향했다. 1942년 3월에 랑군, 5월에 만달레이를 함락하면서 버마 전역을 장악했다.

육로를 차단당한 연합군은 공수(空輸)를 통해 중국에 보급하였지만, 수송량에 한계가 있었기 때문에 버마를 탈환하여 장제스 원조 루트를 회복하려고 하였다. 1943년 버마 국경에 나타난 윈게이트(Orde Charles Wingate, 1903~1944) 소장이 이끄는 영국령 인도군(British Indian Army) 약 3,000명은 항공기의 공중 투하로 보급을 받으며 아라칸 산맥을 넘었다. 일본군은 이들을 격퇴했지만 영국군의 거점인 인도의 임팔(Imphal)을 공략하려고 한 것이 바로 '임팔 작전' 또는 '임팔-코히마 전투'이다.

〈그림 2-7〉 장제스 원조 버마 루트

버마방면군사령관 가와베 마사카즈[河辺正三, 1886~1965] 중장과 그 산하의 제15군사령관 무타구치 렌야[牟田口廉也, 1888~1966]가 주장한 임팔 작전에 대해서는 남방군이나 대본영 안에서 강경한 반대가 있었지만, 도조수상은 1944년 1월 7일에 이를 인가하였다. 찬드라 보스가 이끄는 인도국민군에 의한 인도 독립운동 지원이라는 대의명분도 추가되어, 일본군 외에도 인도국민군 6,000명이 투입되었다. 이에 대적하는 연합군 쪽에서는 조셉 스틸웰(Joseph Warren Stilwell, 1883~1946) 장군이 이끄는 미중연합군은 버마 북부에, 영국령 인도군은 남부 아키아브(Akyab)에 병력을 집중시켰고, 중국군인 윈난원정군도 버마 북동부 국경에 진격해 있었다.

임팔로 진격하기 위해서는 건기에도 폭이 300m 이상인 친드윈강을 건너고 길이 950km의 아라칸산맥을 돌파해야 했는데, 제공권을 빼앗겨 공중 보급을 기대할 수 없는 일본군에게는 무리였다. 1944년 3월 8일부터 7월 3일까지 진행된 버마와 인도 국경지대의 작전에서는 쌀이나 탄약을 실은 만 마리가 넘는 소의 행렬이 따랐다. 물자를 운반하게 하고 최종적으로는 식량으로 이용할 수 있다는 논리였으나 소의 대부분은 친드윈강에서 익사했고 남은 소들도 아라칸산맥을 넘지 못하였다.

일본군은 4월 6일 코히마를 점령하였지만 보급로를 차단당하여 탄환과 식량도 떨어지고 임팔에도 돌입하지 못한 채 5월 중순에 우기를 맞이하였다. 제공권을 장악하여 공중보급으로 전력을 증강한 인도군의 반격으로 일본군의 보급은 완전히 끊어졌지만, 무타구치는 여전히 진격을 명하였다. 7월 10일 퇴각이 시작되었으나 심각한 기아와 전염병으로 이 작전에서 전 참가자의 80%에 달하는 약 5~6만 명의 사망자를 추산한다.

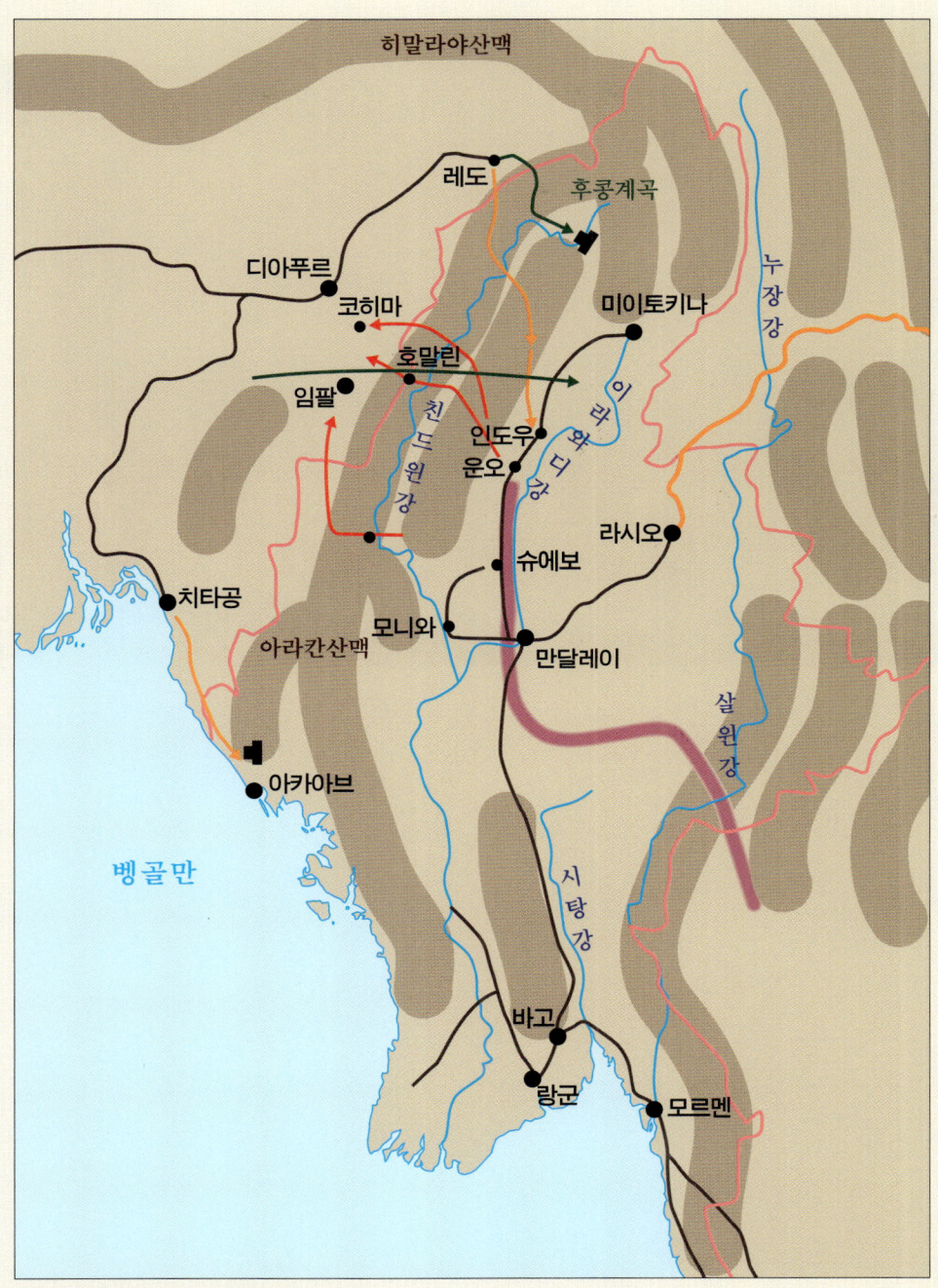

〈그림 2-8〉 임팔-코히마 작전

〈그림 2-9〉 1943년 4월 11일

"인도-버마 국경 아키아부에서 활약하는 우리 육군부대는 적의 주력인 2개 사단을 격멸하고 버마를 탈환하려는 적의 꿈을 허사로 만들었다(사진은 코끼리와 함께 진격하는 우리 정예)"

〈그림 2-10〉 1943년 4월 18일
"북부 인도-버마 국경 밀림지대에서 우회 작전을 감행하여 인도군을 붕괴시킨 우리 ○○부대의 행군. 이곳은 야생 코끼리와 표범이 서식하는 전인미답(前人未踏) 지대라고 한다"

〈그림 2-11〉 1943년 12월 25일

"우리 육군 독수리의 일격에 추락하는 적의 B-24. 인도-중국 국경의 하늘길을 차단하기 위해 몸을 바치는 육군 독수리의 수훈이다"

〈그림 2-12〉 1943년 6월 16일

"우리 육군의 맹폭에 불타오르는 인도-버마 국경의 요충지인 도바지리 비행장. 안쪽은 침묵하는 적의 고사포 진지. 우리 육군 독수리가 폭격한 직후의 긴박하고 장엄한 전경이다"

わが陸鷲の猛爆に炎上する印緬國境の要衝ドバヂリ飛行場を俯瞰する。左手は全く沈黙せる敵の高射砲陣地。わが陸鷲の爆撃直後の緊迫せる狀景である

〈그림 2-13〉 1943년 12월 31일

"인도-버마 국경에서 적의 대공 화기를 포획, 역으로 이를 이용하여 적기를 격추하는 일석이조의 우리 정예"

〈그림 2-14〉 1944년 2월 27일

"버마-인도 전선에서 우리 정예의 육탄 돌격. 영국 제7사단 괴멸로 지금 인도 국내는 소란스럽다. 황풍(皇風)은 이미 인도로 건너가는 느낌이다

緬印戰線におけるわが精鋭の肉彈突撃、英七師の潰亂と共にいまや印度國內は騷然たるものあり皇風既に印度に渡る慨がある

〈그림 2-15〉 1944년 3월 22일

"친계곡지대에서 인도군 제17사단의 포위망이 좁혀오자 마유강 상류 도하를 강행하는 우리 정예 보병부대"

〈그림 2-16〉 1944년 4월 14일

"임팔로 가는 험한 길을 돌파, 계속 맹진격하는 우리 보병부대. 임팔의 운명은 지금 눈앞에 다가와 황풍이 전 인도를 삼키는 것을 보여주고 있다"

〈그림 2-17〉 1944년 4월 14일

"적 4만 대군을 임팔로 몰아넣은 우리 남하 부대의 험난한 추격. 물도 없고, 먹을 것도 없고, 오로지 험준한 곳을 기어오르는 용사의 투쟁을 기억하라"

〈그림 2-18〉 1944년 4월 26일
"화려한 공중전이 발표될 때마다 우리는 먼저 지상 정비원의 노고를 생각해야 한다. 보이지 않는 그들의 힘만큼 귀중한 것은 없다(버마 기지에서)"

〈그림 2-19〉 1944년 4월 23일

"인도 진격은 인도 해방의 성스러운 싸움이다. 함께 싸우는 인도 병사는 한 대의 담배에도 우리 진심을 무한히 느끼고 기뻐하며 조국으로 나아간다"

〈그림 2-20〉 1944년 5월 7일

"격전의 임팔 전선에는 이미 우기가 왔다. 최전선에서는 식량보다는 배를 원하는 외침이 더 높다. 애간장이 끊어지는 마음으로 배를 만드는 공병대"

激戦のインパール戦線は既に雨期が来た。前線から聞える食糧よりも舟艇をの叫びに断腸の思ひで舟を組む工兵隊

〈그림 2-21〉 1944년 6월 4일

"계곡에 큰 나무를 쓰러뜨려 다리를 놓고, 사람이 지난 적이 없는 아라칸 계곡을 돌파하여 인도로 진격하여 찬란한 역사를 엮어 가는 우리 정예"

〈그림 2-22〉 1944년 7월 26일

"적의 견고한 보루인 임팔에 잠입하기를 1개월, 수원지를 폭파하여 적진 교란에 성공한 이토[伊藤] 정신대의 결사 출발"

〈그림 2-23〉 1944년 8월 23일

"버마-인도 국경으로 출격하기 위해 활주로로 향하는 최신예 폭격기의 용맹한 모습. 꼬리 부분에는 사수가 투혼을 불사르며 총좌(銃座)에 대기 중이다"

<그림 2-24> 1944년 10월 8일
"여기는 버마 최전선 기지. 지상 근무원이 갑자기 안마를 해주더니, '어이 상하 50전이다' 비행기를 출동시켜 거친 독수리[荒鷲]들의 어깨를 결리게 하지 마라"

4.
일본의 필리핀 점령과 라우렐 괴뢰정권

필리핀은 약 40년간 미국의 지배를 받았는데, 1942년 1월에 일본이 마닐라를 점령하였다. 이후 바타안 반도를 점령한 일본은 가혹한 군정을 실시하며 대규모 학살을 자행했다. 필리핀 농업을 파괴하고 쌀을 약탈하는 일본군에 대해 필리핀인들의 반일 감정이 고조되며 항일 게릴라가 증가하였고, 일본군은 협력자를 처벌한다는 명목으로 각지에서 학살을 자행했다.

1943년 10월 14일, 일본이 호세 라우렐(José Paciano Laurel, 1891~1959)을 수반으로 필리핀에 독립을 부여한 것은 필리핀인의 저항을 무마하기 위한 방책이었다. 독립을 조건으로 동맹조약을 체결하여 사실상 군사적 지배를 지속했다. 미국 예일대에서 박사학위를 받은 라우렐은 1923년 필리핀 식민지 정부의 내무장관, 상원의원, 법무장관 등을 역임하고, 제2차 세계대전 발발 후 일본에 협력하여 독립준비위원회 위원장으로 헌법을 초안했다. 그는 일본의 지원으로 대통령이 되어 1943년 11월 대동아회의에 참석하였으며, 권력을 독점하였다.

필리핀은 일본군의 군표 남발과 식량정책 실패로 식량 부족과 인플레가 심각했으며, 일본군에게 살해된 희생자는 총인구 1,800만 명 중 100만 명 이상으로 추산한다.

〈그림 2-25〉 1943년 5월 12일

"6일 이른 아침, 마닐라 국민학교에 갑자기 도조 수상이 나타났다. 때마침 일본어 시간이어서 필리핀 어린이들은 벌떡 일어나 일본어로 인사하여 수상을 기쁘게 했다"

〈그림 2-26〉 1943년 7월14일

"남방 방문을 마치고 게이힌[京濱] 국도를 달리는 도조[東條] 씨. 수상은 올해로 62세. 국민들은 오로지 그의 건강을 빌 뿐이다"

<그림 2-27> 1944년 4월 21일

"마닐라 대통령 관저에 준공된 일본 다정(茶亭). 이 다정은 필리핀 파견군이 라우렐 대통령에게 전하는 마음을 담은 선물로, 사진은 증정식 장면이다"

5.
솔로몬제도와 과달카날 전투

현재 오세아니아 영연방에 속하는 솔로몬제도(Solomon Islands)는 1568년 스페인 탐험가 알바 로 데 멘다냐 데 네이라(Álvaro de Mendaña de Neira)가 발견하여 이스라엘 솔로몬 왕의 이름을 따서 이름 붙였다. 1893년부터 영국이 지배하다가 1978년에 영연방 입헌 군주국으로 독립했다.

솔로몬제도는 제2차 세계대전 중 일본군과 연합군 사이에 격렬한 전투가 치러진 지역이다. 과달카날섬을 둘러싼 1942년의 3차에 걸친 솔로몬 해전과 그 결과 실시된 과달카날섬 철수는 미드웨이 해전과 더불어 일본이 패전으로 가는 터닝포인트가 되었다. 이 책에서는 미드웨이 해전과 과달카날 전투 관련 자료를 싣지 않으므로 간단히 설명하기로 한다.

진주만 기습으로 초기 승리를 거둔 일본은 야마모토 이소로쿠[山本五十六] 연합함대 사령장관의 제안으로 미군기지 미드웨이를 공략하여 반격에 나서는 미군 함대와 기동부대를 격멸하는 작전을 준비하였다. 1942년 6월 5일의 미드웨이 공략은 암호를 해독한 미군이 3척의 정규항공모함을 배치하고 급강하 포격대로 기선을 잡았다. 일본군은 반격으로 미 항공모함 한 척을 침몰시켰으나 항공모함 4척을 잃었다. 미드웨이 해전에서 패한 후에도 일본 육·해군의 전력은 미군을 약간 상회하고 있었으며, 일본은 1942년 5월에 과달카날 인근 툴라기섬, 플로리다섬, 과달카날섬 등에 상륙하여 미국과 호주로 이어지는 해상로를 차단하고 호주를 공습할 항공기지 건설에 착수했다. 먼저 툴라기섬에 수상 정찰기 기지를 건설하고, 이어서 7월에는 과달카날섬 룽가곶에 비행장을 건설했다. 당시 2,800명 규모의 설영대(設營隊)에는 조선인 노동자 2,200명이 있었다.

비행장이 거의 건설된 8월 7일, 미해병 1개 사단을 주력으로 하여 호주군의 지원을 받은 1만여 명의 해병대원이 과달카날섬에 상륙하여 제공·제해권을 둘러

〈그림 2-28〉 솔로몬제도

싼 격렬한 전투가 거듭되었다. 일본은 해군 근거지인 라바울에서 약 1,100km 나 떨어져 있었기 때문에 제공·제해권을 빼앗기고, 육군의 총공격도 실패했다. 1942년 12월 31일 대본영은 마침내 과달카날에서 철수할 것을 결정하고, 1943년 2월에 완료했다. 이 전투에서 일본 육군의 전사자는 2만 1,000명, 미육군·해병대 전사자는 1,786명으로 일본의 완패였다. 일본군은 초기 승리를 가져온 많은 조종사와 민간 상선을 군용으로 개조한 수송선을 상실하는 치명적인 손실을 입었다. 놀라운 점은 일본 육군 전사자 2만 1,000 명 중 전투 중 사망자는 5,000~6,000명에 불과하고 나머지는 영양실조, 말라리아, 설사, 각기병 등에 의한 사망이라는 것이다. 즉, 전사자 중 70%가 보급이 끊어진 상황에서 발생한 넓은 의미의 아사자라는 점에 문제의 심각성이 있다.

1943년 2월 과달카날섬 철수 이후 미국에 대한 일본의 전력은 상대적으로 약화되어 갔다.

6.
야마모토 이소로쿠 원수의 죽음

야마모토 이소로쿠[山本五十六, 1884~1943] 해군 대장은 미국 유학 및 주미 일본대사관 해군 무관 근무를 통해 미국의 경제력과 군사력을 현지에서 확인했으며, 육군 강경파에 대항하여 미국과의 개전에 반대했다. 하지만 어전회의에서 개전이 결정되자 선제공격에 의한 속전속결을 주장했다.

야마모토는 진주만 기습을 지휘하여 성공시키고, 1942년 4월 18일 미국 본토 공습 후 미국 태평양함대 일소를 시도하였다. 하지만 미드웨이 해전에서 패전하고, 1943년 미군에 과달카날섬도 빼앗겼다. 약 반년간의 과달카날섬을 둘러싼 공방전에서 육군은 2만 명 이상의 장병을 잃었고, 해군은 24척, 합계 약 13만 4,839톤의 함정을 잃었다. 육해군 양쪽에 가장 큰 손실은 라바울을 거점으로 하는 항공전력으로, 항공기 외에도 많은 숙련 파일럿을 잃었다. 반면 연합군은 과달카날섬의 핸더슨비행장을 확보하여 제공권을 차지하고, 남태평양 방면의 항공병력을 급증시켰다.

남태평양의 제해권과 제공권을 모두 잃을 위기 속에 해군이 추진한 것이 바로 이호작전(い号作戰)이었다. 미드웨이 해전의 손실을 회복하여 재건한 제3함대 항공모함 4척의 함재기(艦載機)를 라바울 항공기지에 동원하여 연합군 전력을 일거에 괴멸시키려는 작전이었다. 본래 항공모함의 함재기를 육상기지에서 사용하는 것은 바람직하지 않았지만, 일본 항공병력에는 그만큼 여유가 없었다.

이호작전은 1943년 4월 7일에 시작되어 14일까지 4차례의 대규모 전투가 치러졌고, 전반은 과달카날, 후반은 뉴기니방면을 공격하여 커다란 전과를 올렸다고 발표되었다. 그러나 실제로는 미군의 손실이 적었고 일본은 병력보충 없이는 작전수행이 어려울 정도의 타격을 입었다.

이호작전이 성공했다고 믿었던 야마모토는 전선 위문과 사기 진작을 위해

라바울에서 솔로몬제도의 최전선인 셔틀랜드(shortland) 방면 시찰을 계획했다. 이 계획은 4월 13일 각 기지에 '작전긴급전보'로 통보되었다. 하지만 일본군의 통신을 도청한 미 해군은 암호를 해독하여 비행코스와 자세한 스케줄을 파악하고 야마모토 암살 계획을 세웠다. 4월 18일 새벽 6시, 야마모토가 라바울을 출발하여 부건빌섬 부인(Buin) 기지로 향하자 시간과 장소를 계산하여 잠복하고 있던 16기의 P-38 전투기는 그가 탄 공격기를 격추해 부건빌섬 정글에 떨어뜨렸다. 야마모토 장관은 향년 59세였다.

    대본영은 한동안 야마모토의 죽음을 비밀에 부치다가 사망 1개월 후인 5월 21일 공표하고, 6월 5일 히비야[日比谷]공원에서 국장을 거행했다. 사후 해군 원수로 추서된 그의 국장에 조문한 시민은 무려 20만 명이 넘었다고 한다.

〈그림 2-29〉 1943년 6월 6일

"남동 태평양 기지를 출격하는 바다독수리들은 지금 온화한 얼굴에 자상함이 넘치는 야마모토 원수로부터 힘찬 격려를 받아 용감하게 사지로 날아올랐다. 이것이 야마모토 원수의 늠름한 마지막 자태였다.

* 라바울 기지에서 파일럿들에게 훈시를 행하는 야마모토 이소로쿠 연합함대 사령장관.

〈그림 2-30〉 1943년 5월 26일

"야마모토 이소로쿠 원수의 영령은 1억 국민의 애도 속에 5월 23일 14시 43분 도쿄에 도착, 제국의 수도로 소리 없이 개선하였다"

〈그림 2-31〉 1943년 5월 28일

"야마모토 원수의 전사 소식이 전선에 전해지자 비분강개한 병사들은 투혼이 불타올랐다. 사진은 투지만만하게 새벽 해상으로 출격하는 우리의 항공모함"

〈그림 2-32〉 1943년 6월 2일

"5월 30일은 거룩한 도고[東郷] 원수의 9주기이다. 이날을 맞아 국민은 다시 제2의 도고, 야마모토 원수를 우러러보았다. 우리 제국이 있는 한 거룩한 장군들은 연달아서 태어난다"

五月卅日は聖將東郷元帥の九年目の命日である。この日を迎へて國民はまた第二の東郷、山本元帥を仰ぎ見た。わが帝國のあらん限り聖將は相次いで生れる

〈그림 2-33〉 1943년 6월 11일

"야마모토 원수의 국장은 1억 국민의 애도 속에 6월 5일 히비야 장례식장에서 거행되었다. 이날 장례식장에서 다마[多摩] 묘지로 따라간 시민은 50만 명을 넘었으며, 공전의 성대한 장례식이 되었다"

〈그림 2-34〉 1943년 6월 13일

"해군에서는 야마모토 원수를 본받아 넓은 하늘을 정복하려는 이번 가을에 졸업하는 대학, 고등전문학교 학도의 열렬한 바람을 받아들여, 6월 매주 토요일과 일요일에 전국의 각 항공대를 개방하여 예비학생의 기초훈련을 하고 있다"

7.
북아메리카 애튜섬 전투

아시아태평양전쟁 중 유일하게 북아메리카 지역에 속하는 알류샨 열도(Aleutian Islands)에는 애튜(Attu), 키스카(Kiska), 미군 비행장이 있는 암칫카(Amchitka) 등의 섬이 있다. 일본은 미드웨이섬을 점령한 후 미군의 북방 진출과 소련과의 연대를 막기 위해 알류샨 열도의 애튜섬과 키스카섬을 점령할 계획이었다. 하지만 1942년 6월 5일 미드웨이 해전에서 참패하여 이 계획은 불필요해졌다. 그런데도 일본군은 예정대로 6월 7일에 키스카섬, 8일에 애튜섬을 점령했다.

1943년에 들어서며 미군은 반격을 개시하여 키스카섬 동쪽에 있는 암칫카섬에 상륙하여 항공기지를 완성하는 동시에 주변 해상에 순양함 부대를 파견하여 북방해역의 제해권과 제공권을 장악하였다. 애튜섬을 탈환하기 위한 미군의 총공격은 5월 12일에 시작되어 무혈상륙에 성공하였다.

대본영은 증원군 파병을 검토하였지만 이미 일본 해군에는 수송부대를 보낼 여유가 없었기 때문에 5월 19일 애튜, 키스카섬에서의 철수작전으로 전환하였다. 히구치 기이치로[樋口季一郎] 북방군 사령관은 "최후에 이르면 깨끗하게 옥쇄(玉碎)하여 황국 군인정신의 정화를 발휘할 각오를 하기 바란다"라는 옥쇄 명령을 타전하였다. 본래 '옥쇄'란 옥이 아름답게 부서지듯이 마지막까지 싸우다 의연하게 죽는다는 뜻이지만 압도적인 병력 차이 속에 포로가 되지 말고 죽을 때까지 싸우라는 의미였다. 애튜섬에서는 약 2,500명의 수비대가 격렬히 저항했지만 미군에 압도당해 1943년 5월 29일 최후의 돌격으로 전멸했다. 돌격에 앞서 움직이지 못하는 부상병들을 '처치'했다.

한편, 키스카섬에서는 5월 27일에서 7월 29일까지 철수작전이 이루어져 8월 1일 완료되었다. 미군은 이 지역의 짙은 안개 때문에 일본군의 철수를 알아차리지 못했다.

이날 라디오 방송에서 대본영 육군정보부장 야하기 나카오[谷萩那華雄] 소

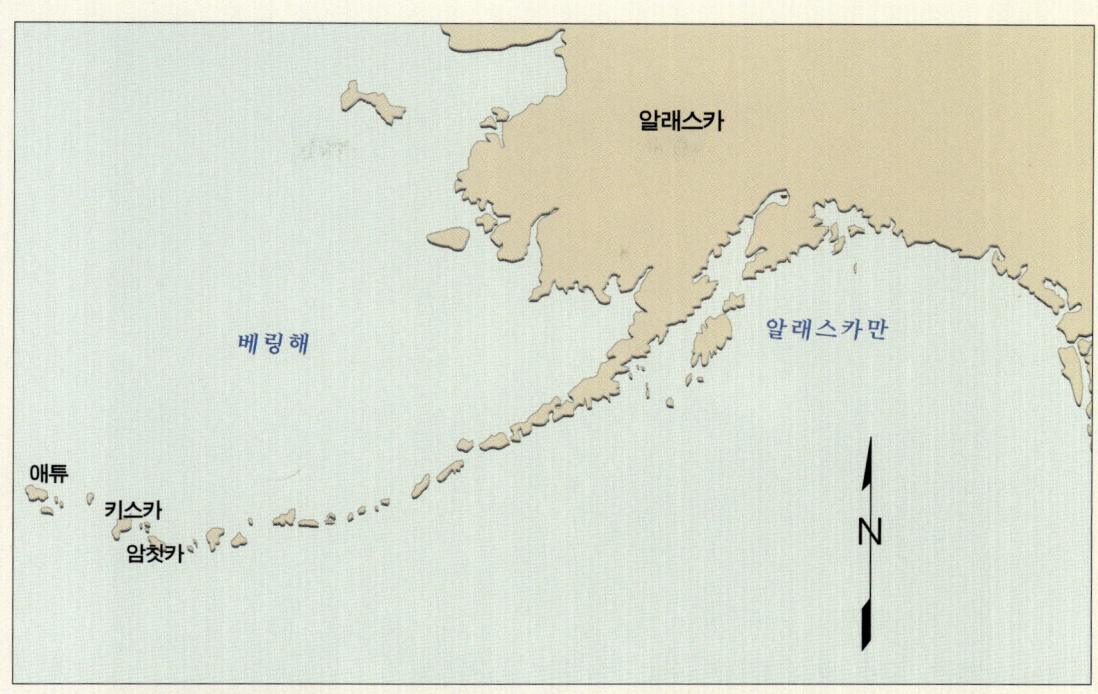

〈그림 2-35〉 알류샨 열도와 애튜섬

장은 "전원 옥쇄하여 애튜섬은 황군의 신수(神髓)를 발휘한 성지로 역사에 영원히 기록되었다"라고 절규하였다. 이후 '옥쇄'는 '전원 전사'를 뜻하는 표현이 되었으며, 이후 고도(孤島)의 수비대가 전멸할 때마다 비참한 전방의 현실을 은폐하는 옥쇄 캠페인이 전개되었다.

옥쇄 보도를 통해 병사들의 희생을 영웅시함으로써 국민적 적개심을 고조시켜 전의를 고양시키려 했지만, 작전 실패에 대한 비판도, 반성도 없는 군의 태도는 이후 더 많은 '옥쇄'를 초래할 뿐이었다.

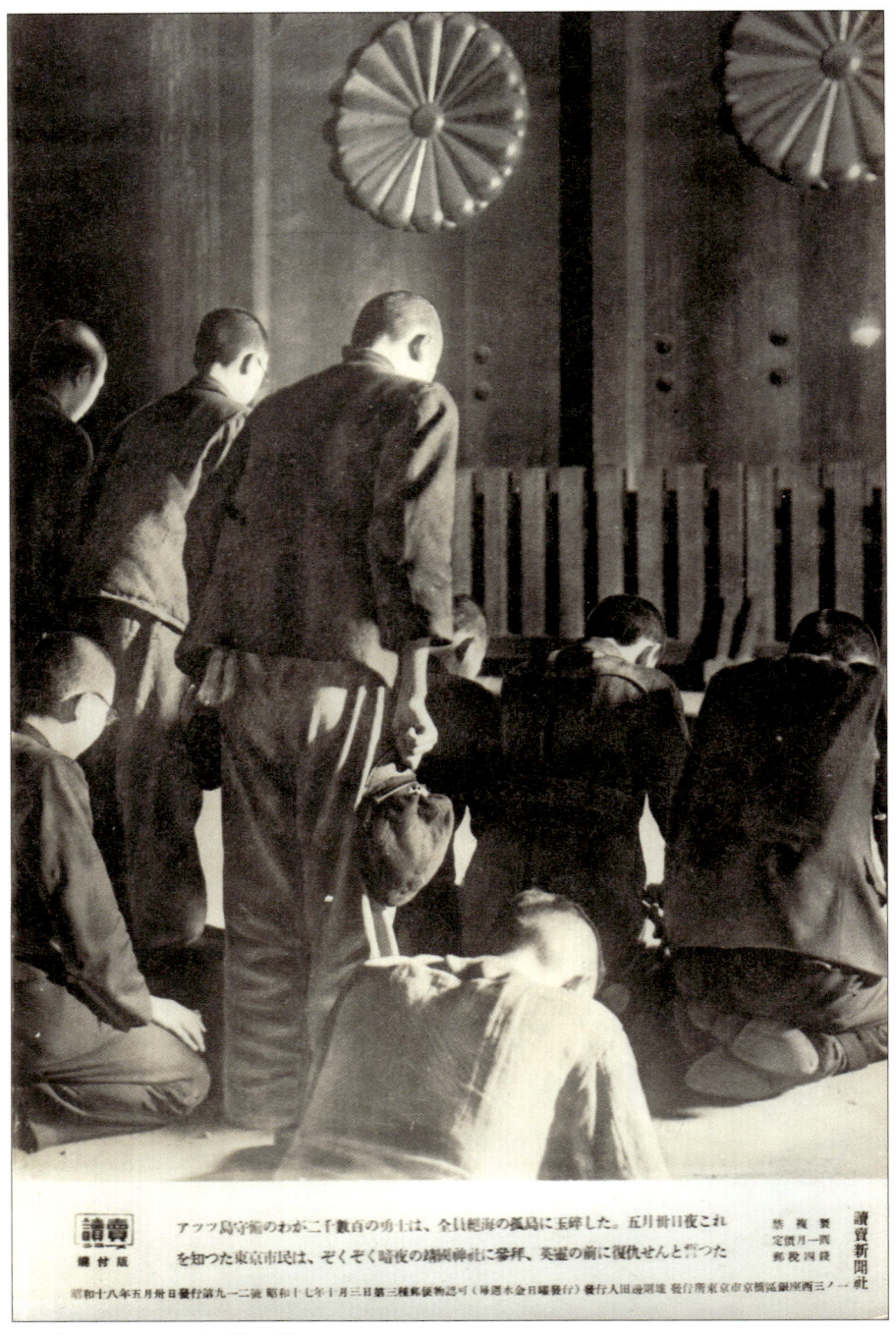

〈그림 2-36〉 1943년 5월 30일

"애튜섬을 수비하던 우리 2천 수백의 용사들은 절해고도에서 전원 옥쇄하였다. 5월 30일 밤에 이를 알게 된 도쿄 시민들은 어두운 밤에 야스쿠니 신사에 참배하였으며, 영령 앞에 복수를 다짐하였다"

〈그림 2-37〉 1944년 6월 2일

"애튜섬 옥쇄가 있은 지 1년, 복수를 다짐하며 철화(鐵火) 의기를 불태우는 북(北)치시마[千島] 경비 전차대"

8.
솔로몬 해전

남태평양 솔로몬제도에서 일어난 전투를 모두 솔로몬 해전이라 부르지만, 미군의 반격 계기가 된 과달카날섬 쟁탈을 둘러싼 제1~3차 솔로몬 해전을 지칭하는 것이 일반적이다. 제1차 솔로몬 해전은 사보(Sabo)섬을 중심으로 1942년 8월 8~9일에 걸쳐 일어났고, 제2차 솔로몬 해전은 1942년 8월 24일에 일어난 동부 솔로몬 해전이며, 제3차 솔로몬 해전은 11월 12~15일 사이에 일어났다. 그 외에도 솔로몬제도 근처에서 일어난 많은 전투를 지칭하기 때문에 특정 전투로 한정하기 어렵다. 미드웨이 해전과 과달카날 전투를 제6장에서 설명하였으므로, 여기서는 사진과 관련 있는 제2차 솔로몬 해전 이후를 중심으로 살펴보고자 한다.

과달카날섬을 탈환하기 위한 일본군 선견대가 전멸당하고 남은 병사들을 과달카날섬에 상륙시키기 위해 일본군 기동부대가 출격하였다. 미군은 이를 저지하기 위해 엔터프라이즈(Enterprise), 사라토가(Saratoga), 와스프(Wasp) 등 항공모함 3척을 파견하였다. 8월 24일의 전투에서 일본군은 많은 손실을 입은 반면, 미군은 항공모함 엔터프라이즈가 수리에 2개월 정도가 소요되는 손상을 입은 데 그쳤다. 일본 잠수함부대의 어뢰 공격으로 와스프가 폭발을 일으켜 침몰한 것은 1942년 9월 15일이다.

한편, 솔로몬제도에서 일어난 1943년의 주요 전투는 3월의 비스마르크해 해전, 4월 18일의 야마모토 이소로쿠 연합함대 사령장관 전사, 6월 7~16일의 룽가 먼바다 항공전, 6월 30일 미군의 렌도바섬 상륙, 11월 1일부터 1945년 8월 21일에 이르는 부건빌섬 전투 등이 있다.

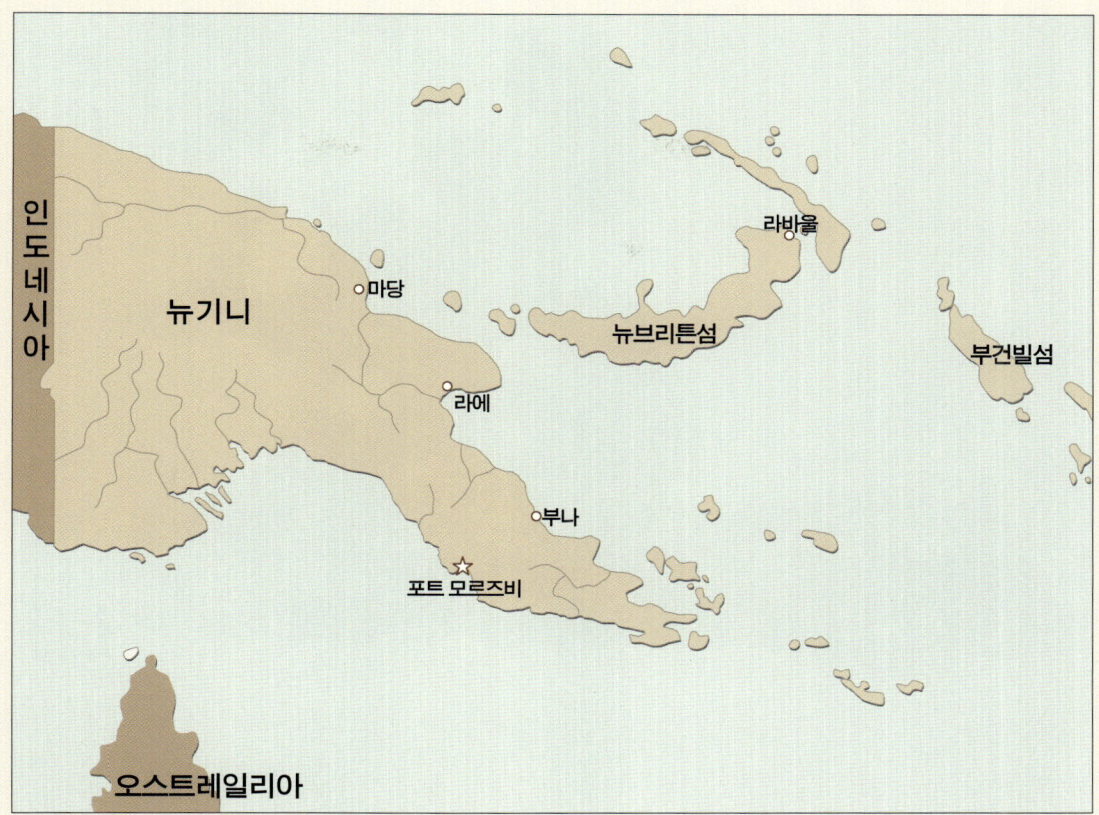

〈그림 2-38〉 뉴기니섬과 솔로몬제도

〈그림 2-39〉 1943년 4월 11일
"우리 해군부대의 맹공에 솔로몬해 속으로 흩어진 미군 항공모함 와스프호의 최후(적이 촬영한 사진)"

〈그림 2-40〉 1943년 4월 14일

"굳건히 방비하면 적기는 두렵지 않다. 그러나 적도 바로 아래서 소리도 없이 날카롭게 뚫고 오는 햇빛은 용감한 병사도 막을 수 없어 '또 태양의 공습인가' 하고 탄식한다"

〈그림 2-41〉 1943년 5월 5일

"호주 방면을 폭격해 가는 우리 바다독수리부대는 5월 2일, 우리 쪽 손실 없이 포트 다윈(Port Darwin)의 적기 21기를 떨어뜨렸다(사진은 호주 폭격에 나서는 우리 바다독수리부대)"

〈그림 2-42〉 1943년 5월 23일

"남태평양에서 맹위를 떨치는 바다독수리는 과달카날·러셀섬과 적 기지에 끊임없이 통격(痛擊)을 가하여 적을 두려움에 떨게 했다(사진은 적 상공에 대거 쇄도하는 바다독수리들)"

⟨그림 2-43⟩ 1943년 6월 20일

"우리 바다독수리들은 6월 7일과 12일에 다시 러셀섬을 강습, 적기 82기를 떨어뜨리고 적 항공 병력에 철퇴를 가했다(사진은 출격 전의 바다독수리들)"

* 라바울에서 출격하는 1식 육상공격기.

〈그림 2-44〉 1943년 6월 27일

"룽가 먼바다에서 벌어지는 항공전은 규모와 양상이 종래와 전혀 달라 남태평양은 그야말로 잡아먹느냐, 잡아먹히느냐의 단계에 들어섰다(사진은 꼬리를 쫓는 적기를 맹공격하는 바다독수리)"

〈그림 2-45〉 1943년 8월 4일
"렌도바섬에 상륙하려는 적을 맹렬히 공격하는 바다독수리들. 왼쪽 앞의 비행기 2기는 우리의 뇌격기이다"

〈그림 2-46〉 1943년 7월 7일
"렌도바섬에 대한 우리 육·해군의 협동 폭격은 개전 이후 가장 치열하여 적어도 적병 1만 1,000명 이상이 폭사한 것으로 보인다(사진은 렌도바섬으로 향하는 육상독수리들)"

レンドバ島に對するわが陸海協同の爆撃は開戰以來の熾烈を極め、少くとも一萬一千以上の敵兵は爆死したものと見られてゐる。（寫眞は同島に向ふ陸鷲）

9.
뉴기니·라바울·부건빌 전투

제2차 세계대전의 격전지였던 뉴기니섬은 현재 동반부는 파푸아뉴기니 독립국((Independent State of Papua New Guinea)이고, 서반부는 인도네시아의 이리안자야 주(州)이다. 북쪽으로 태평양, 동쪽으로 태평양과 솔로몬해, 남쪽으로 산호해·토러스해협과 경계를 이룬다.

뉴기니섬은 제1차 세계대전 후 1920년에 호주의 위임통치령이 되었으나 1942년 3월 8일 일본군이 동부 뉴기니의 라에(Lae), 살라마우아(Salamaua)에 상륙한 것이 뉴기니 전투의 시작이다. 일본군은 이미 1월 23일에 호주의 위임통치령인 뉴브리튼섬의 라바울(Rabaul)을 점령하여 항공기지를 구축하였으며, 3월에 부건빌(Bougainville)섬을 점령하여 비행장을 건설했다.

한편, 연합군은 포트 모르즈비(Port Moresby) 기지를 거점으로 라바울을 공습하고 있었다. 남태평양 최대의 해군 근거지인 라바울을 방위하기 위해서 일본군은 포트 모르즈비를 반드시 장악해야만 했다. 1942년 8월부터 9월까지 부나 지구에서 정글을 뚫고 오웬스텐레이(Owen Stanley)산맥을 넘어 포트 모르즈비로 진군한 무모한 작전은 많은 병사들의 희생을 낳았다. 1943년 초에 부나기지에서 철수한 일본군은 라에, 살라마우아 부근 방비를 강화하면서 뉴기니에 병력을 파견하였다. 그러나 뉴기니로 향하던 8척의 수송선은 1943년 3월 2일과 3일, 댐피어(Dampier)해협을 통과할 때 미군기 공습으로 전부 침몰하였다. 4월에는 미군의 공격으로 야마모토 이소로쿠 연합함대 사령장관이 사망하였다. 9월에는 연합군이 뉴기니의 살라마우아와 라에, 핀쉬하펜(Finschhafen)에 상륙하였다. 이들 지역 전투에서 패한 일본군들이 1944년 1월에 산을 넘어 마당(Madang)에 집결하였으나 인원은 9,000명에 지나지 않았다.

1944년에 들어서도 일본군은 3월 초 어드미럴티(Admiralty)제도의 로스네그로(Los Negros)섬에서 옥쇄, 8월 말에는 아이타페(Aitape) 전투에서 거의 전멸하였다.

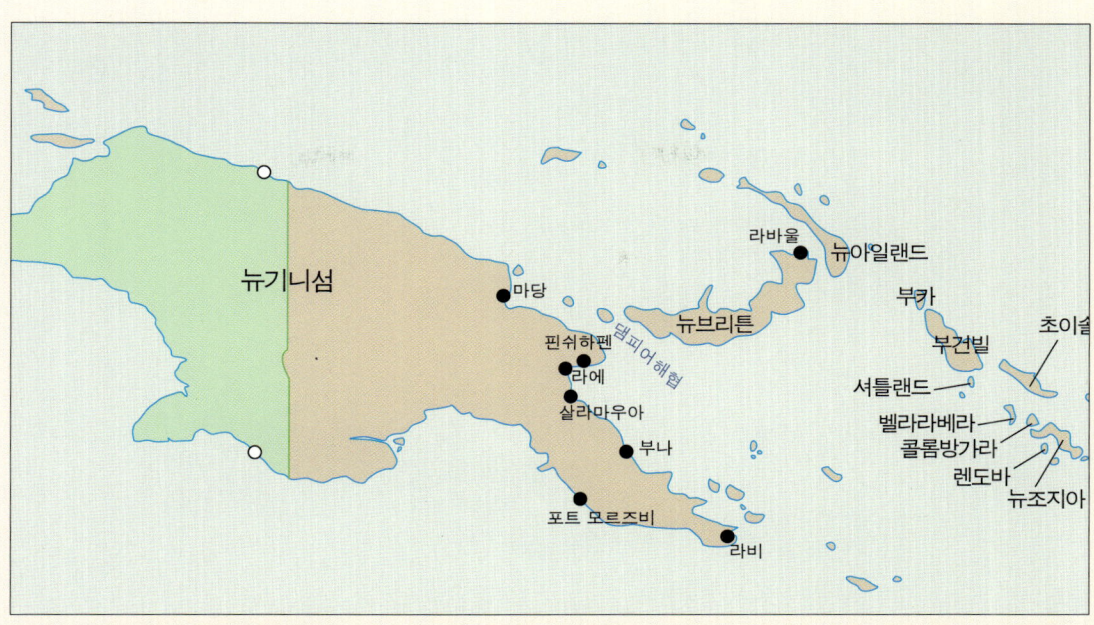

〈그림 2-47〉 뉴기니, 라바울, 부건빌

이러한 승리를 바탕으로 맥아더가 지휘하는 미군은 필리핀으로 향하였다.

뉴기니 전투에는 타이완의 고사의용대(高砂義勇隊), 조선인 병사, 찬드라 보스가 지원하는 인도 병사와 인도네시아인 병보(兵補)도 참가하였다. 식민지의 지원병에서 군속에 준하는 점령지의 병보에 이르기까지 다양한 형태의 병사들이 전투에 동원되었다.

<그림 2-48> 1943년 4월 16일

"우리 바다독수리들은 또다시 모르즈비·오로만에서 맹위를 떨치며 함선 5척, 적기 60기 이상을 무찌르고 개선가를 높이 불렀다(사진은 용감하게 기지를 날아오르는 바다독수리)"

〈그림 2-49〉 1943년 7월 2일

"남태평양의 공중전은 처참하기 이를 데 없어 적은 또다시 뉴기니의 무보가 우리 바다독수리에게 유린당했다는 것을 발표하였다(사진은 무보로 향하는 용맹한 바다독수리)"

〈그림 2-50〉 1943년 7월 25일

"뉴기니 하늘의 결전에 호응하여 당당히 적을 제압해 나아가는 우리의 정예 군기부대"

〈그림 2-51〉 1943년 8월 1일

"일・미 양군의 사투가 이어지는 뉴기니섬에서 자원 조달을 하는 우리 탐험대는 마침내 전인미답의 밀림을 답파, 세계 최초로 뉴기니 횡단에 성공하였다"

* 뉴기니 원주민들은 일본군과 연합군 양쪽으로부터 물자 수송과 길 안내, 부상자 간호 등 가혹한 노동을 강요당했다. 한편, 양쪽의 스파이나 민병으로 활약하기도 했다. 일본군에서는 뉴기니 원주민보다 타이완 출신 고사의용대를 더 높이 평가했다

日米両軍の死闘が続けられるニューギニア島のわが資源調査探検隊は遂に
前人未踏の密林を踏破、世界最初のニューギニア横斷に成功した

〈그림 2-52〉 1944년 1월 9일

"부건빌섬의 전선에서 스콜과 폭탄 비를 맞으며 아군의 통신선을 확보하는 육군 통신 보선대(保線隊)"

〈그림 2-53〉 1944년 1월 30일

"뉴기니 전선의 상공, 우리 바다독수리의 일격에 꼬리를 내리며 떨어지는 적이 자랑하는 쌍동(雙胴) 전투기 P-38"

〈그림 2-54〉 1944년 2월 6일
"사진은 부건빌섬 토로키나곶 방면 밀림을 헤쳐가며 항공부대에 호응, 사투를 벌이고 있는 우리 육군 정예"

〈그림 2-55〉 1944년 2월 23일

"적은 숫자에도 기죽지 않고 적 상공으로 돌입하기 위해 출발 명령을 기다리는 뉴기니 기지의 육군 폭격대"

〈그림 2-56〉 1944년 4월 28일

"뉴기니 최전선 밀림 속에 험한 길을 맞닥뜨린 급유차를 밀고 있는 치중대. 빛나는 전과 뒤에는 이러한 고생이 밤낮으로 반복되고 있다"

<그림 2-57> 1944년 5월 7일

"그거다! 전우는 날아올랐다. 늦지 마라—두 사람은 나는 새처럼 애기(愛機)를 구사하며 적의 무리로 뛰어든다. 뉴기니 전선 육군 독수리의 어느 날"

〈그림 2-58〉 1944년 7월 2일

"뉴기니 전선 기지의 용맹한 독수리들은 비행기가 부족하므로 출격했다가 돌아오면 애기(愛機)를 야자나무 그늘에 들여놓고 쓰다듬듯이 한다"

〈그림 2-59〉 1944년 8월 20일

"적에게 몇 겹으로 포위당한 부건빌섬에서 지금도 용감히 싸우는 신병의 용감한 모습. 과달카날섬에서도, 이 용사도 단지 비행기가 오기를 기다리고 있다"

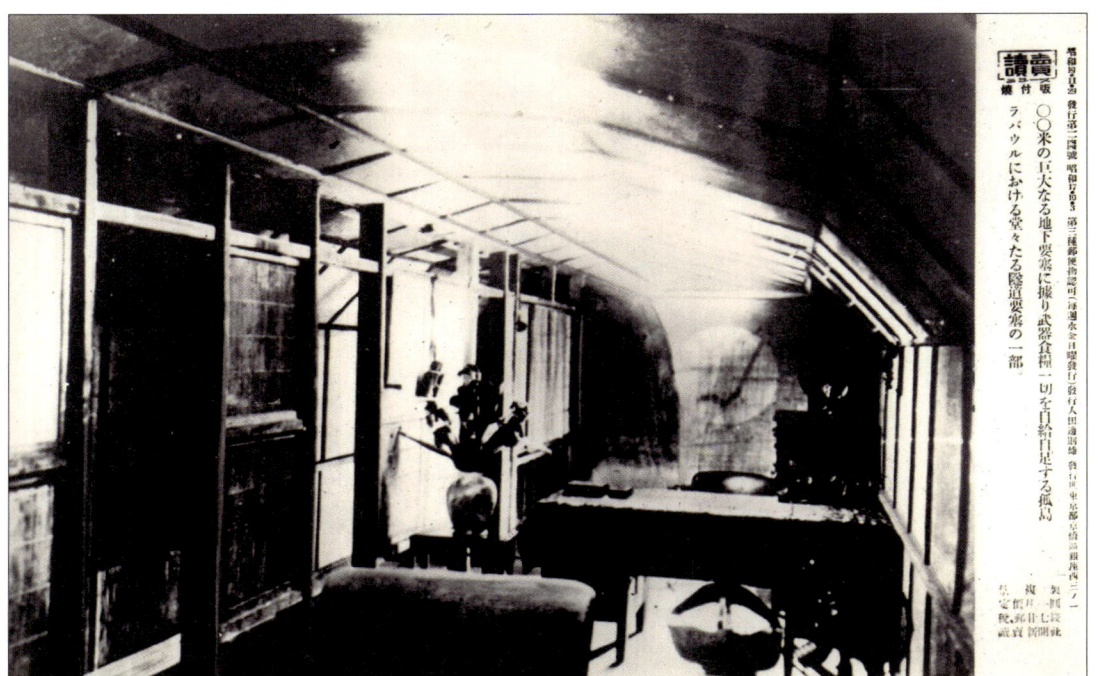

〈그림 2-60〉 1944년 11월 29일
"○○미터의 거대한 지하 요새에 근거하여 무기와 식량 일체를 자급자족하는 고도 라바울의 터널 요새 일부"

〈그림 2-61〉 1944년 12월 8일
"뉴기니의 적 비행장 상공에서 우리 천하무적 독수리들의 맹격에 검은 연기를 뿜으며 격추당하는 적의 아기 호랑이 P-38"

ニューギニヤの敵飛行場上空に於てわが無敵陸鷲の猛撃に黒煙を噴いて撃墜される敵の虎の子 P38

10.
길버트제도·마셜제도 전투

알류샨 열도 애튜섬에서 일본군을 전멸시킨 미군은 반격을 시작하여 길버트제도(Gilbert Islands)와 마셜제도(Marshall Islands)에 상륙하였다. 일본은 하와이 기습 직후인 1941년 12월 10일에 타라와(Tarawa)와 마킨(Makin)섬을 점령하였다. 타라와는 10개 이상의 섬으로 이루어진 환초로, 일본 해군은 주도인 베티오섬에 비행장을 건설했다. 미군은 나우르(Nauru)와 타라와를 공략하려 하였으나 지형적으로 공략이 어렵자 1943년 11월 20일 마킨섬과 타라와를 공격하였다. 11월 21~25일에 걸친 격렬한 전투 끝에 미군이 타라와를 점령하였다. 일본군 수비대 중 민간인 14명을 포함한 총 146명이 포로가 되었는데 그중 104명이 설영대(設營隊)로 징용된 조선인이었다. 24일 마킨섬 전투 결과, 조선인 건설대원을 포함하는 105명의 포로를 제외하고 일본군은 거의 전멸했다. 일본 대본영은 12월 20일에 타라와와 마킨섬의 옥쇄를 발표하였다.

마셜제도는 1520년대 스페인과 포르투갈에 의해 존재가 알려진 후 스페인에 점령되었으며, 1885년 독일령 뉴기니에 합병되었다. 제1차 세계대전 때 일본의 위임통치를 받았고 제2차 세계대전 때 격전지가 되었다.

길버트제도를 제압한 미군은 마셜제도로 향하였고 세계 최대의 환초인 콰잘레인(Kwajalein)을 목표로 하였다. 콰잘레인은 세계 최대 산호로 둘러싸인 내해가 있어서 대함대 정박에 적당하였다. 여기에 항공모함 기동부대를 집결시켜 사이판과 괌을 노린다는 전략이었다.

한편, 일본은 마셜제도 방위의 중추인 콰잘레인에 1941년 1월 이래 해군의 제6근거지대 사령부를 설치했으며, 1944년 1월에는 방위 강화를 위해 육군 제1해상 기동단 제2대대와 제7중대를 증파했다. 당시의 수비 병력은 육해군 합쳐 약 5,000여 명이었다.

미군은 1944년 1월 29일 2만 1,000여 명을 투입하여 비행장을 공습한 후

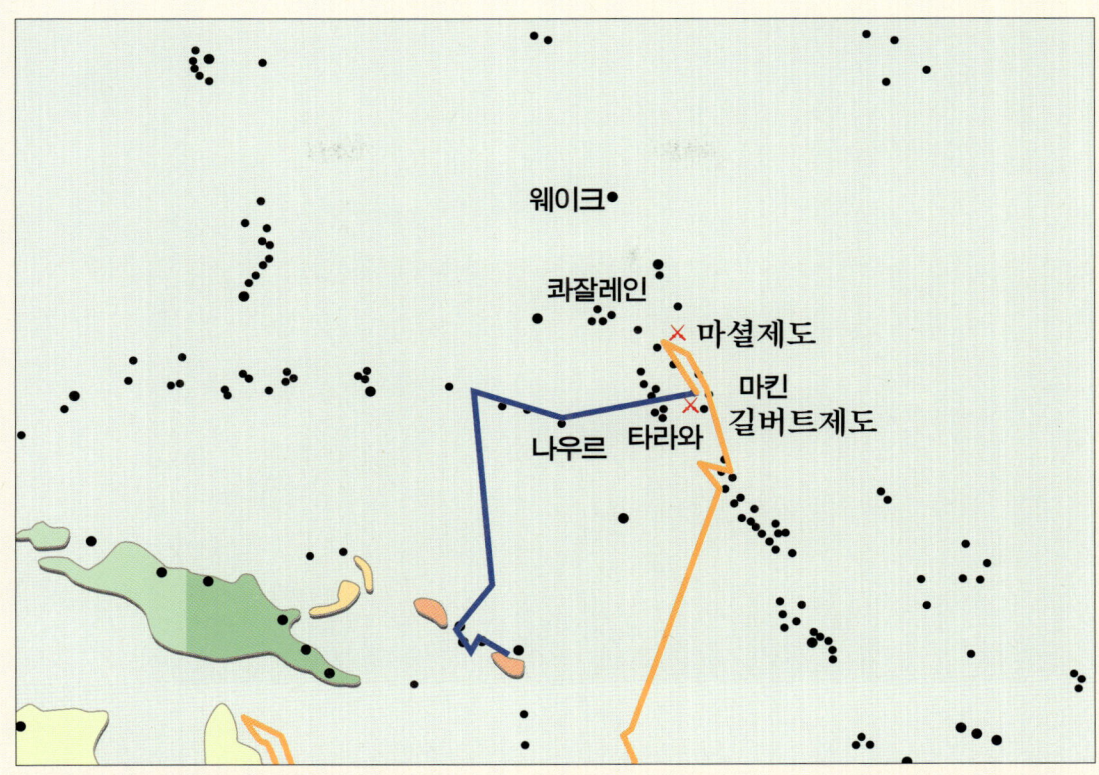

〈그림 2-62〉 길버트제도와 마셜제도

2월 2일에 콰잘레인에 상륙하여 마침내 2월 5일 함락했다. 일본은 수비대의 80%인 약 4,130명이 전사했으며, 이 중에는 황족 아사카노미야 야스히코오[朝香宮鳩彦王, 1887~1981] 육군 대장의 차남 오토와 다다히코[音羽正彦, 1914~1944]도 있었다. 일본은 콰잘레인을 잃음으로써 연합함대의 근거지인 트럭(Truk)섬까지 위태롭게 되었다.

〈그림 2-63〉 1944년 2월 2일

"마셜에 적이 공격해 온다! 그러나 우리의 경비는 굳건하여 1기당 1선의 바다독수리는 지금 둘도 없이 강한 날개를 펼치며 출격하려 한다"

〈그림 2-64〉 1944년 2월 6일

"우리의 무적함대는 지금 파도를 박차고 나아가고 있다. 침로는 과연 마셜 앞바다인가. 적을 보면 반드시 죽인다는 투혼은 이미 바다를 압도하였다"

<그림 2-65> 1944년 4월 12일
"남쪽 바다 콰잘레인섬에서 장렬하게 전사한 후작 오토와[音羽] 해군 소좌의 영령을 맞이하는 아사카[朝香] 대장궁 전하와 다카히코왕[鷹彦王] 전하"

〈그림 2-66〉 1944년 4월 30일

"마셜 앞바다 항공전에서 적탄을 맞고 불덩어리가 되었지만 돌진, 어뢰도 함께 적함에 자폭하는 장렬한 우리 뇌격기(스위스지에서)"

11.
마리아나 해전과 사이판 전투

사이판(Saipan), 괌(Guam), 티니안(Tinian) 등의 섬들이 모여 있는 마리아나제도(Mariana Islands)는 1943년 9월에 책정된 일본 절대국방선의 요충지였다. 미군은 1944년 길버트제도와 마셜제도에서 승리한 후 여세를 몰아 일본 본토와 가깝고 새로 개발된 미 육군 항공대의 초장거리 폭격기 B-29의 기착지로도 매력적인 북마리아나제도의 사이판 공략을 준비하였다. 미국 항공모함 기동부대는 2월 이래 트럭·사이판·팔라우(Palau) 방면의 일본군 기지를 항공기로 급습하였다.

6월 19일에서 20일에 걸쳐 마리아나제도와 팔라우제도 먼바다에서 일어난 마리아나 해전에서 일본은 미군에 전법이 노출되어 항공모함 3척과 395기의 비행기를 상실하였다. 마리아나 해전에서는 비행기 조종사의 기량 차이가 두드러졌다. 충분한 훈련을 쌓은 미군에 비해 일본군은 대부분 훈련이 부족하고 비행시간도 극히 짧았다. 이 전투에서 일본 해군 기동부대는 작전능력을 상실하고 사실상 괴멸했다.

사이판섬은 제1차 세계대전 이후 일본의 위임통치령이 되었으며, 많은 일본인들이 사탕수수 등을 재배하면서 거주하였다. 미군 상륙에 대비하여 1944년 3월과 5월에 일본인들이 철수하기 시작했으나, 미군 잠수함 공격으로 그들이 탄 배가 침몰하는 참사가 발생하여 민간인 귀환이 중단되면서 약 2만 명의 일본인이 사이판에 남아 있었다. 또한 육군 약 2만 8,000명, 해군 약 1만 5,000명, 총 4만 3,000명 정도의 병력이 있었으나 미군은 이보다 훨씬 많은 병력을 투입하였다. 미군은 6월 11일부터 4일간 사이판에 대공습을 퍼부은 후 6월 15일에 상륙했다. 일본군은 6월 22일에서 24일까지 반격하였으나, 결국 24일에 사이판섬 포기를 결정하였다. 26일 중부 사이판의 타포차우 산악지대까지 미군이 점령하자 일본군은 민간인을 이끌고 북쪽으로 퇴각했다. 7월 7일 나구모 추이

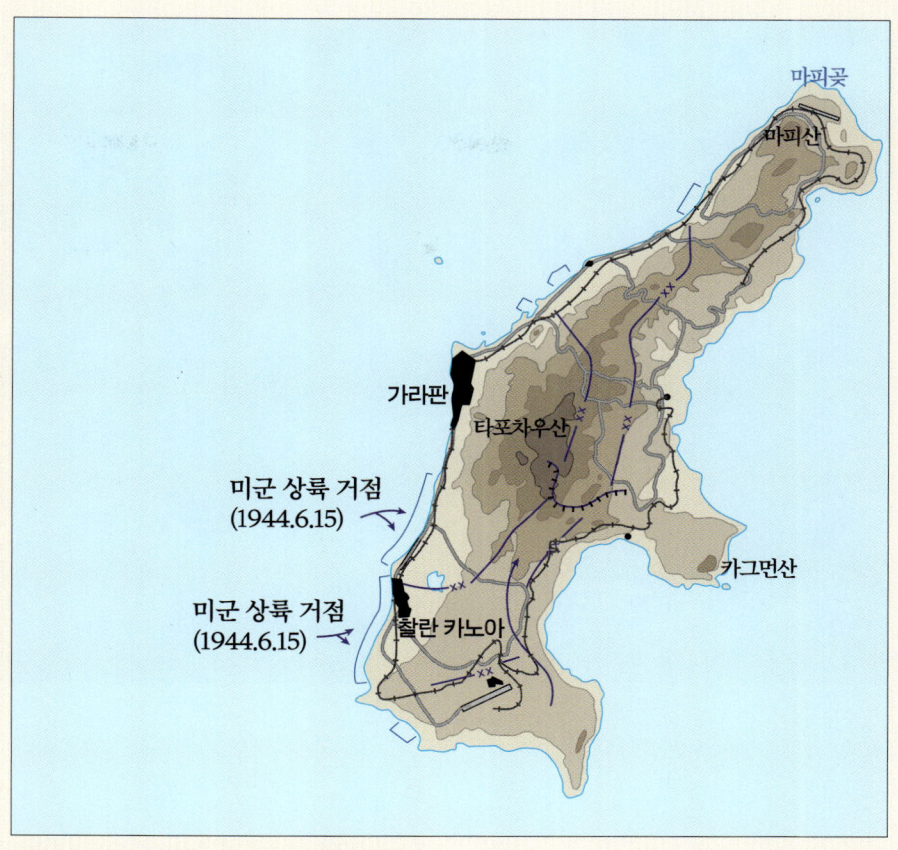
〈그림 2-67〉 1944. 6.15~7.9 사이판 전투

치[南雲忠一, 1887~1944] 등 3명이 남은 장병들에게 '옥쇄 돌격'을 명하고 자결했다. 무기도 갖추지 못한 약 3,000명의 장병들은 오후 3시 30분을 기하여 일제히 최후의 돌격을 감행했다. '포로가 되면 여자는 능욕당하고, 남자와 아이들은 총검으로 살해당할 것이다'라는 일본군의 선전으로 8,000~12,000명으로 추산되는 민간인들이 마피산 절벽에서 몸을 던졌으며, 원주민 수백 명이 사망하였다. 이 전투에서 일본군 수비대는 나구모 중장 이하 약 4만 1,244명이 전사하고, '옥쇄'라고는 하지만 실제로는 1,062명의 일본군 병사가 살아남아 항복한 것으로 집계되었다.

<그림 2-68> 1944년 6월 21일

"치열한 공방전이 전개되고 있는 사이판에 항공부대와 호응, 적이 올 것에 만전을 기해 대기하는 우리 신예 추격 포대"

〈그림 2-69〉 1944년 6월 28일

"미증유의 격투가 연속되고 있는 남방 전선. 우리의 용맹한 독수리는 지금 1기당 1선을 격추시키는 것을 신조로 적을 습격하기 위해 기지를 출발하고 있다"

〈그림 2-70〉 1944년 7월 2일
"사이판의 사투를 듣고 공장 안에서 총궐기대회를 열어 결사증산을 맹세하는 가타쿠라[片倉]항공기제작소 공원들"

<그림 2-71> 1944년 7월 12일
"격렬한 전투가 진행 중인 사이판의 마피산. 세 개의 검은 부분은 종유굴로 우리 용사들은 이 안에서 용감히 싸우고 있다고 한다"

〈그림 2-72〉 1944년 7월 14일

"나구모[南雲] 최고 지휘관 이하 전원 전사라는 비통한 발표에 눈을 부릅뜨고 일어난 나카지마[中島]비행기공장. 전국의 생산진에 옥쇄 돌격의 환성은 놀랍다!"

나구모 추이치 [南雲忠一, 1887~1944]

해군 군인으로 1908년 해군병학교 36기, 1920년 해군대학교 갑종 18기로 졸업했다. 1930년 런던군축조약 때는 조약 반대 입장을 취했으며, 1935년 제1수뢰전대 사령관, 1937년에 해군수뢰학교 교장, 1940년 해군대학교 교장을 역임하였다. 1941년 진주만 공격에 대해서는 비판적인 입장이었다.

1941년 4월에 항공모함을 기간으로 하는 기동부대인 제1항공함대 사령장관에 임명되었다. 어뢰전술의 제1인자이지만 항공을 잘 모르는 나구모가 연공서열로 항공모함부대의 지휘관이 되었다는 한계가 있다. 12월 8일 진주만 기습에서 큰 전과를 올렸으나 하와이 근해에서 탈출하는 것을 서두르며 제2차 공격을 하지 않은 것은 실책으로 평가된다. 이후 제1항공함대는 남하하여 뉴기니, 호주, 인도양에 이르는 제공권을 장악하면서 연전연승을 올렸다. 그러나 미드웨이 해전에서 항공모함 4척을 잃고 대패하였으며, 1942년 제3함대 사령장관으로 취임한 후에도 과달카날 전투 지원, 남태평양해전에서 손실을 입었다.

1943년 10월에 제1함대사령장관으로 복귀하였으며, 1944년 3월 중부태평양방면함대 사령장관 겸 제14항공함대 사령장관으로서 사이판섬에 착임했다. 6월 15일에 미군이 사이판섬에 상륙한 후 전투를 지휘하며 연합함대의 지원을 기다렸으나 6월 19~20일 마리아나 해전에서 제1기동함대가 항공모함 3척을 상실하자 사이판섬 구원은 불가능해졌다. 20일간의 사투 끝에 일본군이 사이판을 포기하자 나구모는 7월 6일, 사이판수비대 장병에게 "살아서 포로가 되는 굴욕을 당하지 말고 전력을 다하라"고 명하고 자결했다. 사후 해군대장으로 승진했다.

〈그림 2-73〉 1944년 8월 9일

"사이판 주변 해역에서 용맹한 독수리들의 맹습을 받아 불타오르는 미국 에섹스형 최신예 항공모함(적측 촬영 베를린 본사 전송)"

〈그림 2-74〉 1944년 9월 20일

결전이 닥쳐오는 지금, 남해 하늘에 새로운 위력을 더한 신예 함상폭격기는 적 기동부대를 색출하여 맹렬한 기세로 출정한다.

* 사진의 신예 함상폭격기는 스이세이[彗星]이다. 1940년에 시제품을 완성하고, 1943년부터 양산(量産)했다. 고속을 자랑하는 폭격기로, 1944년 6월 마리아나 해전에서 사용되었고, 10월 24일 레이테 해전에서 급강하 폭격으로 미군 항공모함 프린스톤을 명중시켰다. 날짜로 보아 이 사진은 마리아나 해전에서 촬영한 것으로 추정한다.

12.
타이완 먼바다 항공전

미군은 1944년 7~8월에 마리아나제도를 차례로 점령하고 필리핀으로 향할 계획이었다. 마리아나 해전에서 일본 해군의 항공모함 기동부대가 괴멸하자 윌리엄 프레데릭 홀시(William Frederick Halsey, Jr. 1882~1959) 대장이 이끄는 항공모함 17척의 대함대는 8월 말에서 9월에 걸쳐 파라오제도와 필리핀 등지를 거리낌 없이 공습했다. 항공모함을 쓸 수 없는 일본군은 육상기지에서 발진하는 항공부대로 반격할 수밖에 없었다.

홀시의 항공모함 부대는 10월 10일에는 오키나와, 12일에는 타이완을 공습했다. 맥아더가 이끄는 군대가 필리핀 레이테만에 상륙하기 전에 오키나와와 타이완에서 반격하지 못하도록 미리 봉쇄하기 위해서였다. 미군 기동부대에 맞서 일본군이 가고시마[鹿兒島]의 가노야[鹿屋]기지 등에서 항공 공격한 것이 바로 '타이완 먼바다 항공전'이다. 10월 12일부터 16일까지 5일간 필리핀이나 타이완의 부대까지 약 800기가 출격하여 "미군 항공모함 11척을 격침시키고 8척을 격파했다"는 놀라운 전과를 대본영이 발표하였다. 그런데 실제로는 미군 순양함 2척이 격파되었을 뿐 항공모함에는 전혀 피해를 입히지 못하였다. 당시 일본 항공대는 숙련된 비행사가 부족하였고, 해질 무렵이나 야간 공격에서는 전과를 확인하기 어려웠는데도 귀환한 비행사의 보고를 곧이곧대로 발표한 것이 이 놀라운 전과였다. 오히려 일본은 출격한 800기 중 300기 이상을 잃고 생환한 비행기 중 300기가 손상되어 사용할 수 없게 되었다.

연이은 패전과 옥쇄 뉴스에 실망했던 국민들은 도쿄와 오사카에서 승리를 축하하는 국민대회를 열었고, 천황은 연합함대에 치하하는 칙어를 내렸다. 10월 16일 가노야 기지에서 출발한 정찰기가 당당한 미군 항공모함을 발견하면서 해군 상층부도 진실을 알게 되었으나 국민들은 물론 육군에게도 통보하지 않았다. 그 결과, 육군은 이어진 레이테 전투에서 무모한 작전을 전개하게 된다.

〈그림 2-75〉 1944년 10월 13일

"결전의 화구는 마침내 타이완 앞바다에서 열렸다. 사진은 큰 파도처럼 적기 무리로 진충(盡忠)의 날개를 펼치며 돌입하고 있는 남방기지의 어린 독수리들"

〈그림 2-76〉 1944년 10월 18일

"홀시함대를 타이완 먼바다에서 격멸하여 전사에 남을 큰 전과를 올린 우리 독수리들의 기지, 쉼 없는 훈련이야말로 승리의 원천이다"

〈그림 2-77〉 1944년 10월 20일

"타이완 먼바다 항공전의 서막인 타이완 여러 도시에 대한 적의 무차별 폭격에 대응하는 우리 지상 포화의 필중탄(必中彈)을 집중적으로 맞고 불덩어리가 되어 떨어져 가는 적의 함대와 전투기"

〈그림 2-78〉 1944년 10월 20일

"타이완 먼바다 항공전에 처음으로 뇌격기를 조정하며 바다 독수리와 함께 전사에 남을 큰 전과를 올린 육지의 젊은 독수리들이 격렬한 공중전을 치른 후 숨을 돌리고 있는 생생한 결전 기록"

〈그림 2-79〉 1944년 10월 27일
"태평양함대와 당당히 자웅을 겨루어 일격에 절반을 격멸시킨 우리 무적 연합함대의 위용"

13.
레이테만 해전, 필리핀 방어전

레이테(Leyte)는 필리핀 중부 비사야제도의 섬이다. 미군은 사이판을 함락하고 2년 7개월 만에 필리핀을 탈환하기 위하여 1944년 10월 20일 레이테에 10만 명의 정규부대를 상륙시켰으며, 일본군은 본토를 향해 가는 미군을 격퇴하는 방위작전을 위해 잔존 병력을 결집시켰다. 일본군은 레이테를 주요 방어 기지로 삼고, 10월 25일 병력을 증파했다. 필리핀을 잃으면, 네덜란드령 인도차이나의 석유를 비롯한 남방의 군수자원을 일본으로 수송하는 해상루트가 차단되어 전쟁을 계속하기가 어렵게 된다.

10월 22일부터 27일에 걸친 네 번의 결전, 즉 시부얀(Sibuyan) 해전, 수리가오(Surigao) 해전, 엥가뇨곶(Cape Engano) 해전, 사마르(Samar) 해전은 레이테만에 국한되지 않지만, 일본군의 목표가 레이테만으로 상륙하는 미군을 저지하는 것이었고, 네 번의 전투가 모두 연관되어 있어서 레이테만 해전이라고 부른다. 일본은 이 해전에서 전함 3척, 항공모함 4척 외에 순양함, 구축함 등 다수를 격침당하여 사실상 연합함대는 괴멸되었다. 레이테만 해전은 일본이 필리핀에서 주도권을 상실하는 중요한 해전이었으나, 대본영은 국민에게 진실을 알리지 않고 화려한 전과만 발표했다. 관련 보도 사진들이 모두 레이테만 해전 패배 이후에 발행되었다는 점을 생각하면 당시의 대국민 프로파간다의 허상을 실감할 수 있다.

레이테만에서 연합함대가 패배하자 일본군은 육군만으로 필리핀에 진격하는 미군과 맞붙게 되었다. 육군은 마닐라가 있는 루손섬에서 미군과 격돌할 것을 예상하여 레이테에는 1개 사단만을 배치했으나 타이완 먼바다의 승전보를 믿고 레이테에 상륙하는 미군을 패잔부대로 인식, 군대를 증파하여 단숨에 쳐부수려는 방침을 세웠다. 결국 압도적인 미군의 기세 앞에 일본군은 10일 만에 1만 명의 전사자를 냈고, 항공 지원 없이 증파되는 수송선의 탄약, 무기, 식량은 바다의 제물이 되었다. 12월 15일 미군이 루손섬 근처의 민도로섬에 상륙하자 일본군은 12월 25일 레이테섬을 포기했다. 레이테섬의 전사자는 수송 도중에 침몰한 장병을 포함하여 9만 명 이상으로 추산한다.

1945년 1월 9일 19만 대군의 미군이 루손섬에 상륙할 때 방어하는 일본군은 28만 이상이었다. 그렇지만 근대적 장비와 화력, 후방지원, 보급 등에서 일본군은 미군에 뒤처졌다. 2월 4일경 미군이 마닐라로 진격하자 약 20일간의 전투에서 약 10만 명의 민간인 희생자를 냈다. 항복하지 않고 정글로 달아난 일본군을 괴롭힌 것은 극도의 기아와 현지 주민으로 결성된 항일 게릴라였다. 일본군은 산발적인 저항을 계속하면서 8월 15일에도 항복하지 않았고, 제14방면군 사령관 야마시타 도모유키[山下奉文]가 미군과의 항복문서에 조인한 것은 9월 3일이었다. 일본군은 필리핀 전역에서 약 50만 명에 가까운 전사자를 내어 단일 전장의 최대 전사자 수를 기록했다. 아시아태평양전쟁에서 게릴라부대를 포함하는 필리핀인 희생자는 100만 명에 달한다.

일본이 자살특공대 '가미카제[神風]'를 처음 출격시킨 것은 레이테 해전이었는데, 일본군이 이미 정공법으로는 승산이 없었음을 말해 준다. 특공대에 관해서는 제14절에서 살펴보자.

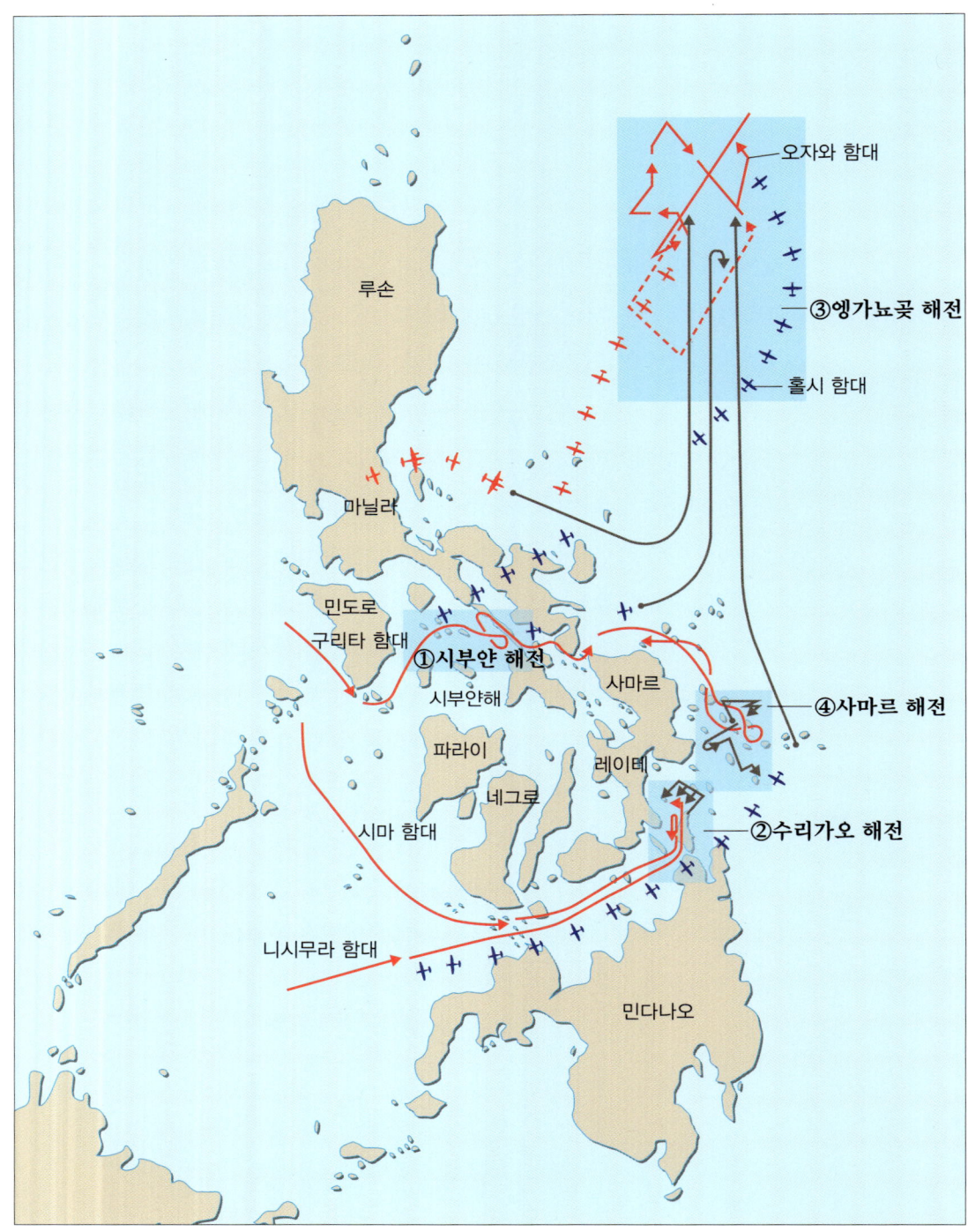

〈그림 2-80〉 레이테 해전

<그림 2-81> 1944년 9월 24일

"필리핀은 결연히 일어섰다. 적진으로 향하는 우리 최신예 공격기를 배웅하는 순박한 농민들의 뒷모습에도 무적의 결의가 가득하다"

〈그림 2-82〉 1944년 9월 27일

"태평양에서 결전을 치를 신이 주신 기회는 시시각각 다가오고, 우리의 가라앉지 않는 항공모함인 필리핀에는 사나운 참수리(荒鷲)들이 일격십살(一擊十殺)을 노리며 벅찬 각오를 다진다"

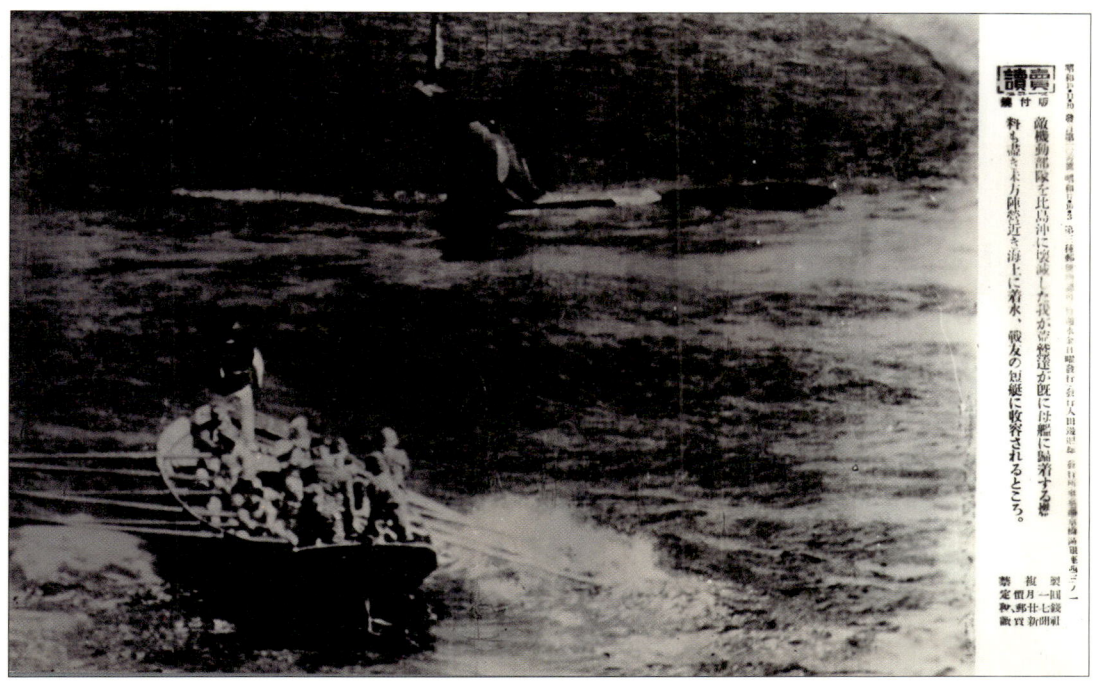

〈그림 2-83〉 1944년 11월 10일

"적 기동부대를 필리핀 앞바다에 괴멸시킨 우리의 거친 독수리들이 모함에 돌아갈 연료가 떨어져 남쪽 진영 가까운 해상에 착수하여 전우의 배에 수용되고 있다"

<그림 2-84> 1944년 11월 12일

"레이테만에서 적을 쳐부수고 있는 용장무비(勇壯無比)의 용감한 독수리들이 부대장으로부터 '1기도 놓치지 마라'는 격려를 받고 있다"

〈그림 2-85〉 1944년 11월 22일

"결전장인 레이테로 상륙하는 우리 신예 부대. 이들 증원부대 및 정예 수비부대의 과감한 공격에 적의 출혈은 상당하다고 한다"

〈그림 2-86〉 1944년 11월 24일

"피아의 공방이 날로 가열차게 전개되는 레이테섬의 험한 길을 넘어서 이윽고 전개될 일본과 미국, 세기의 결전으로 진격하는 우리 정예"

〈그림 2-87〉 1944년 12월 8일

"세계에 자랑할 만한 우리의 다카치호[高千穗, 미야자키현 북단부의 도시로 천손 니니기가 강림했다는 전설의 무대] 낙하부대는 6일 밤 레이테에 낙하하여 적 비행장을 대혼란에 빠뜨렸다" 사진은 출격 전 작전을 짜는 대원들

〈그림 2-88〉 1944년 12월 13일

"레이테의 결전이 처연해지고, 우리의 신기(神機)는 육지에서도 이어서 정복한다. 사진은 레이테만 위로 당당히 날개를 펴는 특공 긴코타이[勤皇隊](우리 정찰기에서 촬영)"

〈그림 2-89〉 1944년 12월 29일

"11일 심야에 레이테섬 오르모크만 깊이 돌입하여 적 함정 무리 한가운데에 처절한 타격을 결행, 우리 선단의 양륙(揚陸)을 성공시킨 수뢰전대의 위용"

十一日深更レイテ島オルモックの湾内深く突入、敵艦艇群の眞只中に凄絶な殴り込みを決行、我が船団の揚陸を成功させた我が水雷戦隊の偉容である。

14.
특별공격대(特別攻擊隊, 특공대), 생환을 용납하지 않는 자살공격대

특공대, 즉 특별공격대라고 하면, 항공기에 폭탄을 싣고 적기에 동체를 부딪쳐 폭파시키는 항공특공대를 연상하지만, 모터보트를 타고 가서 부딪치는 신요[震洋], 어뢰를 개조한 1인승 인간어뢰 가이텐[回天] 등 수상 특공도 있었다. '가미카제[神風]'라는 이름으로 널리 알려져 있지만 당시에는 '신푸[神風]'라고 발음했다. 살아 돌아올 길을 봉쇄하는 전법이기 때문에 러일전쟁 때 일본이 구사한 '결사대'와도 전혀 다르며, 미군이 붙인 '자살 공격(Suicide attack)'이라는 표현이 정확하다. 신푸특별공격대는 해군 항공특공대의 명칭으로, 육군은 '신푸(神風)'라는 명칭을 사용하지 않았다. 그러나 특공='가미카제특공대'라는 이미지가 강하므로 이 장에서는 육해군의 특공 전반을 살펴본다.

이전에도 병사가 개인적 판단으로 적진에 뛰어들어 죽었던 사례가 있었지만, 병사의 죽음을 전제로 하는 특공은 1943년 6월 말 시종무관 조 에이이치로[城英一郎]가 입안했다. 1944년 10월 필리핀 전선에서 당시 제1항공함대 사령관으로 부임한 오니시 다키지로[大西瀧治郎]가 비행기를 적 함정에 부딪치는 작전을 구사하며 편성한 것이 신푸특공대였다. 해군에 이어 11월에는 육군도 본격적으로 도입하였다. 1945년 미군의 오키나와 본도 상륙작전이 시작되자 대본영은 육해군 합쳐 약 2,000기의 특공기를 출격시켰다. 특공공격에 의한 전사자는 약 4,000명에 이른다. 이들 특공대에는 타이완, 조선의 젊은이도 포함되었다.

필리핀전에서 1944년 10월 20일 제1차로 편성된 특공대는 시키시마타이[敷島隊] 4명, 야마토타이[大和隊] 3명, 아사히타이[朝日隊] 3명, 야마자쿠라타이[山櫻隊] 4명이었다. 10월 25일 세키 유키오[関行男, 1921~1944] 대위가 이끄는 시키시마타이 5기가 출격하여 미 호위 항공모함 세인트 로(USS St.Lo)를 격침시켰다.

육군에서도 1944년 10월에 특공대 편성을 명하여 반다타이[萬朶隊]와 부가쿠타이[富嶽隊] 등을 편성하였다. 그러나 해상비행에 익숙하지 않은 육군기는 해군기보다 더 부담이 컸다.

육해군 모두 특공대를 편성했던 것은 미드웨이 해전 이후 일본의 항공 병력이 현저하게 소모되어 정공법으로는 미군의 압도적인 항공력을 격파하기 어려웠기 때문이었다. 당시의 언론이 특공대의 전과를 찬양했지만, 특공대는 숙련된 탑승원의 희생을 전제로 하는 비과학적 전술이었다. 특공이 탑승원은 물론 항공기의 소멸을 전제로 하는 이상 특공이 시작된 필리핀 전선에서는 3개월 만에 제1항공함대가 특공작전을 종료하지 않을 수 없게 되었다.

현재 특공대 사망자 가운데 19명의 조선인이 포함되었다고 알려져 있다. 그 중 7명은 창씨개명된 이름으로 남아 한국명이 확인되지 않았다. 이들의 출신은 육군소년비행단(9), 특별조정견습사관(3), 항공기승무원양습소(2), 특별간부후보생(1), 육군사관학교(1) 등 다양하다. 학력에서는 연희전문학교 출신 김상필, 교토약학전문학교 출신 탁경현, 경성법학전문학교 출신 노영우 등 엘리트도 포함되었다. 조선인 특공대는 학도병 출신과 중학교 정도의 학력으로 소년비행단을 지원한 부류로 나뉘지만, 어느 쪽이든 '강요된 자발'에 의해 특공대에 지원한 것이다. 특공대 출신 중에는 살아남아 훗날 대한민국 공군 창설에 공헌한 김정렬, 윤응렬, 민영락 등이 있다.

1944년 11월, 레이테만 해전에서 야스쿠니타이[靖国隊] 일원으로 출격한 마쓰이 히데오[松井秀雄, 본명 인재웅(印在雄) 당시 20세]가 조선인 최초로 특공 전사하자 일본 신문들은 대서특필하면서 역시 '군신 만들기'에 돌입했다.

〈그림 2-90〉 1944년 5월 3일

"세계에 비할 데 없는, 쳐들어가 때리는 맹습에 그 이름도 드높은 우리 수뢰전대. 필살의 함열(艦列)을 이루며 적진으로 진격하는 장려한 출전이다"

〈그림 2-91〉 1944년 10월 29일
"적의 둥근 진을 향해 돌진하는 우리 무적항공모함의 위용. 순충(殉忠) 시키시마타이[敷島隊] 다섯 용사를 비롯한 많은 옥쇄 육탄공격은 이 항공모함에서 나온 것이다"

あゝ現神は征き給ふ。神風特攻敷島隊出撃に臨み今生と永遠の訣別、松葉杖が司令、左端白絹の首卷をなせるが隊長の關大尉。

사진 왼쪽 끝에 있는 시키시마타이 대장 '세키 대위'는 세키 유키오로서 해군병학교 70기 출신이며, 최종 계급은 해군 중좌이다. 그는 필리핀 레이테만 해전에서 최초의 가미카제특공대 중 하나인 '시키시마타이' 5기를 지휘하여 미 해군의 호위 항공모함 세인트 로를 격침시켰으며, 이어서 호위 항공모함 3척을 격파하였다. 1944년 10월 25일 출격으로 사망하여 군신이라 불리게 되었으나, 출격에 앞서 영원한 이별을 나누는 병사들의 표정은 처연하다.

세키 대위는 본래 함상폭격기 탑승원으로서 가미카제특공대의 제로센[零戰] 탑승원이 아니었다. 그런데 세키 대위가 특공대 대장으로 선택된 것은 계급이 낮은 병사만을 작전에 투입하면 사기가 낮아진다는 점, 어차피 죽을 것이 정해져 있는 작전에 능력 있는 제로센 탑승원을 투입할 필요는 없다는 이유에서 해군병학교 출신 엘리트인 그가 선택되었다.

일찍이 아버지를 여의고 홀어머니 밑에서 성장하여 당시 신혼이었던 23세의 세키 유키오를 죽음으로 내몰았던 사람들은 전후까지 살아남았고, 당시 제1항공함대 사령장관이었던 오니시 다키지로[大西瀧治郎]만이 패전 다음 날 할복자살하였다.

한편, 이 사진에서 목발을 짚고 있는 사령은 사타 나오히로[佐多直大, 1902~1970] 대좌이다. 해군병학교 제50기로서 원양항해 전문가이며, 1941년 진주만 기습에도 참가하였다. 1944년 10월에서 패전까지 763공(空) 사령, 클라크비행장 16전구(戰區) 사령이었다.

〈그림 2-92〉 1944년 11월 3일
"아아, 현신(現神)은 정복해 간다. 가미카제 특공 시키시마타이[敷島隊] 출격에 임하여 사령(司令)과 영원한 결별. 목발을 짚고 있는 사람이 사령, 왼쪽 끝 흰 비단 머플러를 하고 있는 사람이 대장 세키[關] 대위이다"

〈그림 2-93〉 1944년 11월 8일

"황국의 흥망을 날개에 싣고 돌아올 수 없는 길을 떠나는 가미카제공격대가 기지를 출발하려 하는 엄숙한 정경이다"

〈그림 2-94〉 1944년 11월 15일

"새벽을 틈타 출격하는 육군 특별공격대 제2진 부가쿠타이[富嶽隊]의 냉주 건배. 앞쪽이 대장인 니시오[西尾] 소좌, 맞은편 왼쪽 네 번째가 요네즈[米津] 소위, 시바타[柴田] 소위"

* 부가쿠타이 5기는 1944년 11월 13일 필리핀 클라크 기지 동쪽 약 400km의 미군 기동부대를 습격했다. 대장 니시오 쓰네사부로[西尾常三郎, 1916~1944]는 육사 50기(항공병과)로 1938년 소위로 임관했다. 중국 전선을 거쳐 인도양에서 근무했으며, 1944년 소좌로 진급하여 하마마쓰[浜松]비행부대 제일교도비행대에 소속되었다. 7월에 중앙부에서 함선특별공격대 편성 내시가 있자 특공대에 지원하였다. 11월 13일 필리핀 클라크 기지에서 출격했으나 격추당하여 전사하였다. 사후 2계급 특진했다.

<그림 2-95> 날짜 안 보임

"사진은 돌아오지 못할 수송기에 탑승, 출격하는 가오루 공정대[薰空挺隊] 용사. 이 신병(神兵) 중에는 타이완, 반도 출신의 젊은 무자(武者)가 있어, 불멸의 위훈(偉勳)을 세웠다"

가오루 공정대는 타이완군 유격제1중대에 소속된 부대로서 본래는 정글에서의 유격전을 전문으로 하는 특수부대이다. 공정대 작전은 수송기로 적이 점령하고 있는 비행기지에 착륙하여 비행기를 불태우고 활주로나 병사(兵舍)를 폭파하는 것으로, 지상군 지원 없이 수송기가 연합군 비행장에 착륙하여 파괴공작을 행하는 것은 전원 전사를 각오하는 대담하고도 무모한 작전이다. 제1회 공정대가 타이완 고사족(高砂族)을 주축으로 하는 가오루 공정대이다.

제1, 제2 중대 192명 중 병사는 152명으로 통신, 위생 등을 제외하고는 모두 고사족 출신, 즉 타이완특별지원병이었다. 그런데 왼쪽 요미우리 뉴스는 물론, 1944년 일본영화사가 제작한 '일본 뉴스'에서도, "조선·타이완 출신자를 포함하는 내·대·선 혼연일체의 부대"라고 소개하고 있다. 편성은 대장 나카 시게오[中重男] 중위, 소대장 스나가 도미조[須永富蔵], 가와하라 히데오[川原英雄], 가키 다카시[加来隆] 소위 등 외에 가네하라 야스시즈[金原庚鎮] 군조(軍曹)의 이름도 등장한다. 그런데 대부분 일본과 타이완 출신인 가오루 공정대 전몰자 명단에서 오장(伍長) 가네하라만이 출신지가 기록되지 않았다. 병사들 대부분이 고사족 출신인 가오루 공정대를 '내·대·선 혼연일체 부대'라고 선전했던 것은 그가 경북 상주 출신의 조선인 김경진(金庚鎮)이었기 때문이다.

1944년 11월 26일 밤 레이테섬의 브라우엔비행장을 파괴하기 위하여 비행제208전대 영식수송기(零式輸送機) 4대에 나눠 타고 출격한 가오루 공정대는 단 1기도 연합군 비행장에 도달하지 못하였다. 1기는 고장으로 일본군 세력하의 발렌시아비행장에 불시착하여 제 26사단에 합류하였으나, 남은 3기의 행방은 불명인 채로 공정 특공작전은 실패하였다.

* 사진은 더글라스 수송기에 타고 훈련하는 수송기 내부 모습으로, 통로 중앙에 앉은 사람은 가키 다카시[加来隆] 소위이다. 비행기 시트가 가죽이 아니라 등나무라는 점, 병사들의 철모가 각각 다르다는 점도 주의해서 보기 바란다.

〈그림 2-96〉 1944년 11월 17일

"사진은 우리 가미카제. 반다[萬朶]의 충성스러운 맹격에 우왕좌왕 도망가는 레이테만 안의 적 함선. 왼쪽에 자폭하며 불타오르는 것이 적 항공모함이다"

* 반다타이[萬朶隊]는 일본 육군항공대 최초의 특별공격대로 1944년 10월 21일 호코타교도비행사단[鉾田教導飛行師團]에서 편성되었다. 항공본부는 지원자를 모집하라고 지시했으나 최초의 특공에서 확실한 성과를 내기 위해 특공에 비판적인 이와모토 마스미[岩本益臣]를 중대장으로 정예 16명(조종사 12명, 항법 1명, 통신사 3명)을 선발했다. 장비는 특별공격용으로 개조한 99식 쌍발경폭격기이며, 10월 29일 필리핀 루손섬으로 출격하여 제4항공군 휘하에 들었다. 11월 12일~12월 20일에 걸쳐 여러 번 출격했으나 뚜렷한 전과를 올리지 못하고 사실상 전멸하였다. 당시 결혼한 지 1년밖에 안 되던 대장 이와모토는 정식 출격 전에 사망했고, 대원 중 사사키 도모지[佐々木友次, 당시 21세]는 9회 출격하여 9회 생환했다.

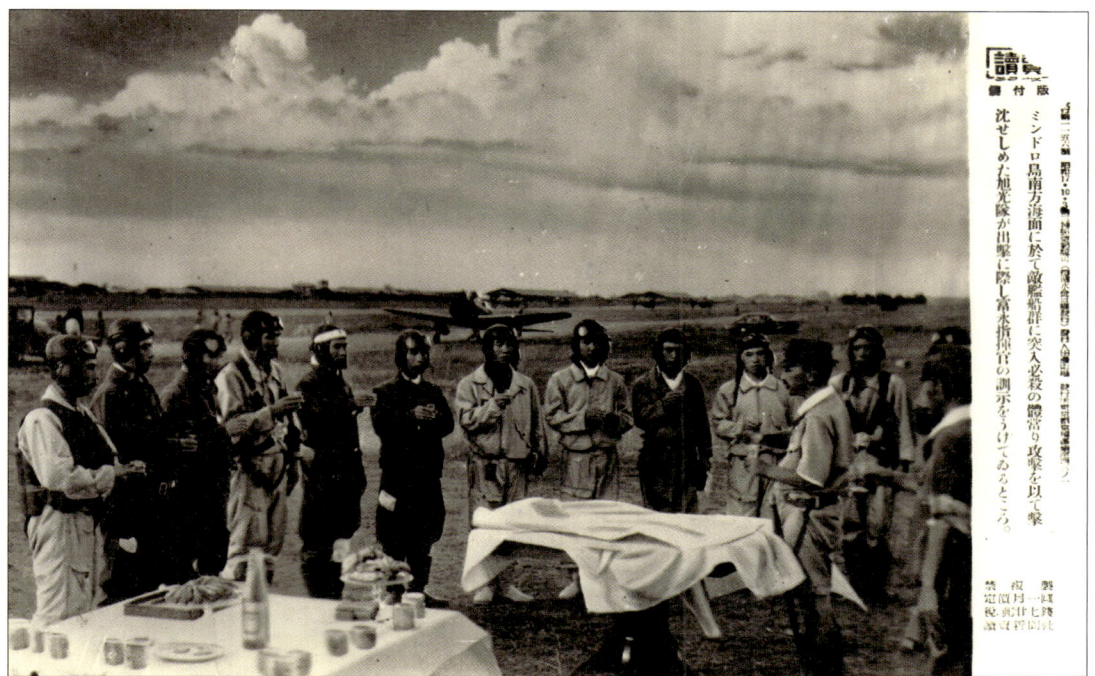

〈그림 2-97〉 1944년 12월(날짜 안 보임)

"민도로(Mindoro)섬 남쪽 해면에서 적 함선 무리에 돌입하여 필살의 자살공격으로 격침한 아사히히카리타이[旭光隊]가 출격에 즈음하여 도미나가[富永] 지휘관의 훈시를 받고 있다"

* 도미나가 교지[富永恭次, 1892~1960]는 육군사관학교 제25기로서 1937년 관동군사령부 소속이었을 때 관동군 참모장이었던 도조 히데키[東條英機]와 친밀한 관계를 맺었다. 이후 도조의 후광으로 1943년 육군 차관, 육군성 인사국장을 겸임하였으나 도조가 퇴진한 후 요직을 떠나게 되었다. 그는 1944년 8월 30일 필리핀 방면 항공 결전의 중책인 제4항공군 사령관으로 부임했는데, 항공 전문가도 아니고 실전을 지휘하는 사단장 경력조차 없는 그가 격전지 필리핀의 항공군 사령관으로 임명된 것 자체가 필리핀 수비에 치명적이었다. 아사히히카리타이[旭光隊]는 1944년 12월 21일에 출격했는데, 당시 도미나가는 심신이 피폐해 있었지만 출격하는 작전기 배웅에는 열성적이었다. 앞의 가오루 공정대를 비롯하여 각종 특공대원들 배웅에는 몸소 나서서 대원들을 격려했다.

〈그림 2-98〉 1944년 12월 1일

"지금이다. 학취(學鷲)도 일어나라! 10기로 10척 함선을 필사필중(必死必中)한 학취. 특공대 핫코타이[八紘隊]가 늠름하고 장엄하게 기지를 출발하는 순간이다"

* 육군은 해군과 같은 폭격기가 아니라 소형기에 탑승하는 특공대를 편성하여 핫코타이라는 이름을 붙여 필리핀에 투입하였다. 핫코타이 제1대인 일식 전투기(一式戰鬪機), 하야부사[隼] 10기는 11월 27일에 출격하여 레이테만 연합군 수송 선단을 공격하여 큰 피해를 줬다.

〈그림 2-99〉 1944년 12월 1일

"백화팔렬(百花八裂), 젊은 몸과 목숨을 황국에 바치는 육군 특공대는 계속해서 출정한다. 빙그레 웃으며 손을 흔드는 야스쿠니타이[靖國隊] 데마루[出丸] 대위의 마지막 모습이다"

* 데마루 가즈오[出丸一男]는 육군사관학교 제56기. 1943년 구마타니[熊谷]비행학교를 졸업하고 1944년 9월부터 10월까지 경성 근교 김포비행장에서 근무했다. 1944년 10월, 미군이 필리핀 레이테에 상륙하자 해군은 가미카제 특공대를 출격시켰고, 육군도 특공대 편성을 명하였다. 제51교육비행사단 소속의 데마루 중위는 이 사단에서 편성한 제3대 야스쿠니타이 대장으로 임명되었다. 그가 11월 26일 필리핀으로 출격하는 모습은 일본뉴스에 대대적으로 보도되어 지금도 자료 화면으로 남아 있다. 그는 두 번째 출격 때 미군의 공격으로 불시착했으며, 말라리아에 전염되어 입원하였다. 이때가 12월 10일 전후였다. 그런데 대본영은 11월 27일 자로 야스쿠니타이 데마루 중위 외 3명을 특공 전사로 발표했고, 제4항공군은 아직 체력이 회복되지 않은 그에게 12월 26일, 세 번째 출격 명령을 내렸다. 데마루는 필리핀 민도로섬 부근에서 전사했다.
* 데마루 가즈오와 같은 야스쿠니타이로 조선인 인재웅도 출격했다.

〈그림 2-100〉 1944년 12월 10일

"학창(學窓)에서 대번에 넓은 하늘로 날아오르는 어린 독수리들만 모은 세키초타이[石腸隊]가 감격의 눈물도 닦지 못한 채 배웅하는 정비원들의 만세 소리 속에 출정했다"

* 육군이 소형기를 개조하여 편성한 특공대 핫코타이[八紘隊]를 1944년 11월에 필리핀에 투입했다. 제4항공군 사령관 도미나가 교지[富永恭次]는 대마다 이름을 붙여주었는데, 그중 20세 전후의 청년으로 구성된 것이 세키초타이[石腸隊]였다. 육군항공사관학교를 졸업하고 비행학교 과정을 막 마친 14명에 교관과 조교를 포함시켜 사제관계 18명으로 편성했다. 11월 28일에 전원 전지에 도착했지만, 기후 이상과 정비 지연 등으로 7차로 나누어 출격하여 적 함대를 육탄공격하고 17명이 전사했다.

<그림 2-101> 날짜 안 보임

"이는 지난… B-29가 우리 특공대… 대위의 맹폭에 지바현[千葉縣] 가미요무라[神代村] 밭 속에 떨어진 잔해(오른쪽 날개)이다"

* 날짜가 지워지고 본문도 일부가 안 보이지만, 엔도 사치오[遠藤幸男] 대위의 활약상을 선전하는 내용인 듯하다.

〈그림 2-102〉 1944년 12월 12일

"육군의 도류[屠龍]와 더불어 황토를 지키는 바다의 신예 겟코[月光]. 이 쌍발 전투기는 앞서 북규슈에서 단기로 B-29 5기를 격추한 대단한 기록이 있다"

〈그림 2-103〉 1944년 12월 30일

"애기(愛機) 겟코[月光]에서 내린 엔도 사치오 대위. 그는 본토를 내습하는 B-29 11대를 격추해 B-29 필추왕(必墜王)이라 불리는 용맹한 독수리이다"

* 야간 전투기 겟코[月光] 앞을 걸어나오는 엔도 사치오[遠藤幸男, 1915~1945](앞줄 왼쪽)와 니시오 하루[西尾治] 상비조(上飛曹)(앞 줄 오른쪽). 겟코는 일본 해군의 야간 전투기로서 엔도는 이 비행기로 B-29 16대를 격추해 B-29 격추왕이라 불리며 국민적 영웅이 되었다. 그는 예과 연습생 출신으로 중좌까지 진급한 유일한 인물이다. 1945년 1월 14일 B-29 추격 중에 B-29 편대의 집중공격을 받아 추락했다. 해군성은 국민 영웅의 죽음을 감추고 있다가 2개월 후인 3월 16일에 발표했고, 3월 21일에 장례를 치렀다. 향년 29세. 사후 중좌로 특진했다.

제3장

전쟁화에 표현된
아시아태평양전쟁

전쟁화(戰爭畵)란 무엇인가?

이 장에서 소개하는 전쟁화들은 아시아태평양전쟁기에 발행된 엽서들이다. '대동아전쟁기념 보국(報國)엽서 제1집'(전3매), '대동아전쟁 그림(繪)엽서'(10매), '대동아전쟁 그림(繪)엽서(육군)'(6매), '대동아전쟁 그림(繪)엽서(해군)'(6매), '대동아전쟁 휼병 그림엽서 제2집'(3매), '대동아전쟁 휼병 그림엽서 제5집'(5매), '제2회 대동아전쟁 미술전람회 출품'(9매), '제2회 대동아전쟁 미술전람회 출품'(5매), '휼병그림엽서'(4매), '야스쿠니신사[靖国神社] 대제(大祭) 대동아전쟁 해군기념 그림엽서'(19매) 등 총 10시리즈 70매의 엽서를 소개한다(단, 중복 소개하는 그림이 있으므로 실제로는 69매이다).

이 그림들은 대체로 '대동아전쟁 미술전람회'에 출품된 전쟁화로서 국민들에게 전의를 고양시킬 목적으로 그려졌다. 전투 지역과 전쟁의 진행 상황에 관해서는 제1장과 제2장의 내용을 참고하면 이해하기 쉬울 것이다.

제1장과 제2장에서는 아시아태평양전쟁에 관한 사진엽서를 선별하여 실었다. 그러나 그림의 경우에는 '충성', '전우애' 등 추상적인 개념과 '선단 호송', '산악 돌파' 등 지역을 특정하지 않으면서 작전에 임하는 병사들의 모습을 전하는 데 중점을 두는 주제도 많다. 따라서 제3장에서는 이러한 추상적인 주제나 특정 지역에 한정되지 않는 전쟁화도 실었다.

화가가 전하려고 하는 프로파간다의 내용과 그 목적을 음미하면서 그림을 비판적으로 감상하기 바란다.

1. 전쟁화와 종군화가

전쟁화란 전쟁과 관련된 다양한 내용을 소재로 하여 그린 전쟁기록 회화를 말한다. 전선에서 벌어진 전투 장면이나 전사의 출정 또는 개선, 군부대의 이동, 후방의 민간인 활동 등을 포괄한다. 넓은 의미로는 전시하의 시민 생활, 당시의 풍경이나 후지산, 벚꽃 등의 상징까지도 전쟁화에 포함된다.

전쟁화는 전쟁 상황을 빠르게 보도한다는 점에서는 라디오나 신문에 뒤처지고, 기록성에서는 사진이나 영상을 따라가지 못한다. 그러나 그림에는 보도 사진의 앵글로 표현할 수 없는 것들이 있으며, 이 부분을 채우기 위하여 전쟁화가 그려졌다. 화가의 예술적 창의성이 가미된 전쟁화는 사실을 재구성하여 전달함으로써 사람들을 감동시키고 선동하는 중요한 역할을 담당했다.

일본이 1931년 만주사변에 이어 1937년 중일전쟁을 일으키자 일본 미술계도 예술적 성격을 벗어나 정치적 성격을 띠게 되었다. 전쟁터에 종군하는 화가와 조각가들로 구성된 대일본종군화가협회가 1938년 4월 26일에 결성되었으며, 후지시마 다케지[藤島武二], 가와바타 류시[川端龍子], 나카무라 겐이치[中村研一], 고이소 료헤이[小磯良平] 등이 임원으로 선임되었다. 협회 결성에는 아사히신문사 영업부의 스미 기요시[住喜代志]가 기여하였다. 협회는 육군에 협력하는 화가 70여 명에게 그림을 통하여 국방선전, 선무공작, 병사위문 등에 힘쓸 것을 요청하였다. 화가들은 전쟁터에 파견되어 현지 부대와 함께 이동하면서 종군화가로 활동했다.

종군화가들이 파견된 지역은 중일전쟁 때는 만주와 몽골 국경 부근에서 남쪽의 광둥[廣東]까지 중국이 무대였지만, 아시아태평양전쟁이 일어나자 초기에는 말레이반도에서 싱가포르, 필리핀에서 말기에는 뉴기니, 라바울 등 남태평양과 북태평양으로 확대되었다.

대표적인 종군화가로는 후지타 쓰구하루[藤田嗣治], 쓰루타 고로[鶴田吾郎], 고이소 료헤이, 미야모토 사부로[宮本三郎], 나카무라 겐이치, 구리하라 신[栗原信] 등이 있다. 이들은 육군과 해군의 지원을 받으며 병사들과 함께 전쟁터를 누비며 전쟁을 목격했다. 1938년 고이소와 후지타는 해군성의 촉탁을 받아 종군화가로서 중국에 건너가 1년간 체류하며 중일전쟁의 현장을 돌아보았다. 1942년 1월 11일 싱가포르가 일본군에게 함락되었을 때 종군화가로서 말레이반도를 거쳐 싱가포르에 건너간 것은 미야모토, 구리하라 등이었다. 이후에도 1942년 4월에 후지타, 쓰루타, 나카무라 등은 육군성의 지원을 받아 프랑스령 인도차이나(베트남), 말레이시아, 싱가포르 등에 파견되어 군인들과 함께 이동하였다.

2. 전쟁화와 전시회

전쟁화는 전시회를 통해서 일본 국내 대중에게 소개되었는데, 중일전쟁 4개월 후에 개최된 신문부성미술전람회(新文部省美術展覽會)에 출품된 〈퉁저우의 구원[通州の救援]〉을 그 시작으로 본다. 군부가 중일전쟁의 개전 이유로 주장하는 중국인에 의한 재중 일본인 학살을 소재로 한 그림이다. 당시 중일전쟁을 지칭하는 용어였던 '지나사변' 관련 전시회로서 1938년 4월의 '지나사변 해군종군화가 스케치전'을 통해 전쟁화 전시가 본격화되었으며, 7월에 '지나사변 발발 1주년 기념 육군종군화가 스케치전'이 개최되었다. 이후 육군성 후원으로 1939년 7월에 제1회 성전미술전(聖戰美術展), 1941년 7월에 제2회 성전미술전 등이 개최되었다.

한편, 아시아태평양전쟁이 발발한 후 1942년 1월의 대동아미술전람회, 9월의 대동아공영권미술전, 12월 대동아전쟁미술전 등의 전시회가 개최되었다. 1943년 5월 일본 미술계의 거장인 요코야마 다이칸[橫山大觀, 1868~1958]을 회장으로 하여 일본미술보국회가 창립되었으며, 12월에 제2회 대동아전쟁미술전이 개최되었다.

전쟁화를 그린 화가들은 전시회 출품 외에 전쟁 관련 서적의 표지와 삽화를 그렸다. 대작인 그림은 쉽게 팔리지 않았기 때문에 오히려 책 표지와 삽화를 그리는 쪽이 더 수입이 많았다고 한다. 당시 발간된 많은 서적의 표지에 전쟁화 화가들은 비행기나 전함을 그렸으며, 내용에 맞추어 삽화를 그렸다. 전후에도 그들은 책의 삽화를 그리거나 소년잡지 등에 실을 일러스트를 그렸다.

3. 일본 전쟁화의 성격과 전쟁 묘사

전쟁화는 넓은 의미에서 '전쟁을 그린 그림' 전체를 의미하며, '기록화로서 역사화'지만, 실제로는 대부분이 군부의 요청으로 '전의(戰意)를 고양(高揚)하기 위하여' 제작된 그림들을 말한다. 그래서 전쟁화는 '전쟁을 고무하고 민중을 전쟁에 동원하는 선전회화'라는 평가를 받고 있다.

그런데 전쟁을 어떻게 묘사할 것인가, 어떤 그림이 전의를 고양할 수 있는가에 대해서는 화가들마다 생각이 달랐다. 따라서 전쟁터를 누빈 종군화가들이 그린 그림이라 해도 군부나 대중이 볼 때 전의를 고양시킨다고 여겨지지 않은 그림들은 비난을 받았다. 이를테면 후지타 쓰구하루가 그린 〈애튜섬 옥쇄도〉나 〈사이판섬 옥쇄〉 등은 전쟁의 비참함을 묘사했다는 평가와 국민들의 적개심을 자극한다는 상반된 평가를 받았다.

서양의 전쟁화가 전쟁터의 모습을 생생하게 묘사하는 데 비해 일본의 전쟁화는 패전의 실상을 감추면서 오로지 일본 병사들의 용감한 모습과 적을 무찌르는 장면만 그리게 하였다. 일본의 전쟁화에서는 전쟁터의 실상인 유혈(流血)이나 시체는 물론, 적군의 병사와 포로의 모습 등을 묘사하는 것이 금기였다. 일본의 전쟁화에는 후지산이나 벚꽃 등이 일본 내셔널리즘의 상징으로 자주 사용되었으며, 유독 히노마루[日の丸] 깃발이 자주 등장한다. 일장기는 출정병사를 배웅하기 위해서, 때로는 일본군 점령 지역 현지인들이 일본에 순종하는 상징으로서 손에 쥐고 흔들었다. 그리고 아시아 민족 해방의 상징으로 동남아시아 지역에서 휘날리거나 전투가 지나간 자리에 꽂혀 있는 등 다양한 소도구로 활용되었다. 이는 전투 장면 없이 '성전(聖戰)'을 묘사하여 내셔널리즘을 강조하는 일종의 장치라고 할 수 있다.

4. 대표적인 전쟁화가들

후지타 쓰구하루 [藤田嗣治, 1886~1968]

아버지와 매형은 군의(軍醫), 형은 조선총독부와 육군성에서 일했던 법제학자였다.

1905년 도쿄미술학교(현 도쿄예술대학 미술학부)에 입학, 1910년 졸업한 후 1913년에 프랑스 파리로 건너갔다. 파리화단에서 좋은 평가를 받으며 활약하였으나 1933년에 일본으로 귀국하였다. 1938년 종군화가로서 1년간 중국에 머물다 1939년에 귀국하였다. 다시 파리로 돌아갔으나 파리가 독일에 점령당하자 귀국하여 육군미술협회 이사장에 취임하였다. 이후 많은 전쟁화를 제작하였으며, 대표작으로는 노몬한 전투에서 죽은 병사들을 기린 〈할하강변의 전투〉, 애튜섬 참패를 그린 〈애튜섬 옥쇄〉 등이 있다. 현재 그가 그린 것으로 확인된 전쟁화는 19점이다.

전후에 연합군사령부의 조사를 받은 그는 1949년에 일본을 떠나 프랑스에 귀화하였다.

쓰루타 고로 [鶴田吾郎, 1890~1969]

1910년 아지노모토[味の素] 주식회사 광고부를 거쳐 1912년 경성일보사에 입사하였다. 1917년부터 다롄[大連], 하얼빈, 시베리아를 여행하였으며, 1937년부터 신문사 통신원이라는 직함으로 솔선하여 종군하였다. 1938년 후지시마, 가와바타, 고이소 등과 대일본종군화가협회를 설립하였다. 이듬해 육군미술협회로 개조할 때도 발기인으로 참여하였다.

1938년 육군성 촉탁화가로서 가와바타 등과 중국 북부 및 몽골에 건너갔고, 해군 촉탁화가로서 양쯔강 연안을 누볐다. 1942년에는 수마트라섬 팔렘방을 돌아보았고, 1944년 군수생산미술정신대를 설립하였다.

나카무라 겐이치 [中村研一, 1895~1967]

1914년 미술을 반대하는 부모를 설득하여 도쿄미술학교 서양화과에 입학하였으며, 1919년 광풍회전(光風会展), 이듬해에 제2회 제전(帝展)에 입선하는 등 관전을 중심으로 활약하였다. 1938년 4월 상하이파견군[上海派遣軍]의 요청으로 그 전 해의 상하이사변 기록을 그리기 위해 종군화가로서 미나미 마사요시[南政善], 무카이 준키치[向井潤吉] 등과 상하이 방면으로 파견되었으며, 이때 나카무라는 부대장을 맡았다. 1939년에는 중국 남부, 1942년 육군종군화가, 해군보도반원으로서 말레이로 파견되었다. 1938년 대일본육군종군화가협회를 설립하였으며, 이듬해 육군미술협회로 개조되자 중심인물로 활약하였다. 그의 전쟁화는 예술적 가치도 높이 평가받고 있다. 현재 17점의 전쟁화가 확인되었는데, 후지타에 이어 두 번째로 많은 전쟁화를 그린 것이다.

구리하라 신[栗原信, 1894~1966]

이바라기사범학교[茨城師範学校]를 졸업하고 1917년 이과전(二科展)에 처음으로 입상하였다. 1928년 파리에 유학하였다가 1931년에 귀국했다. 1939년 몽골 방면에 종군하였으며, 1940~1941년 육군보도반원으로 말레이시아에 종군하였다. 이때의 종군 기록을 담은 『6인의 보도소대[六人の報道小隊]』를 육군미술협회출판부에서 출판하였다. 1939년 4월 육군미술협회 설립에 발기인으로 참가하였으며, 1941년 일본항공미술협회 설립에도 발기인으로 이름을 올렸다. 아시아태평양전쟁 중에 열린 전쟁미술전, 종군화전 등 전시회에 출품하였으며 『야스쿠니 에마키[靖国の絵巻]』에도 출품하였다.

전후에는 니이가타대학[新潟大学] 교수, 일본미술가연맹 이사를 역임하였다.

고이소 료헤이[小磯良平, 1903~1988]

1927년 도쿄미술학교를 수석으로 졸업하고 프랑스로 건너가서 활약하였다. 1930년에 귀국한 후 1938년 육군보도부 촉탁으로 종군화가로서 나카무라 등과 상하이로 파견되었다. 1942년에는 후지타, 미야모토 등과 함께 자바섬에 파견되었다. 1938년에는 대일본육군종군화가협회를 설립하여 임원이 되었고, 1941년에는 후지타, 미야모토 등과 대일본항공미술협회를 설립하였다.

미야모토 사부로[宮本三郎, 1905~1974]

가와바타화학교[川端画学校], 간사이미술원[関西美術院]에서 그림을 공부한 후 1927년 이과전(二科展)에 입상하여 화단에 입성하였다. 1938년 유럽에 건너가 이탈리아 르네상스 회화를 연구하였으나 1939년 제2차 세계대전 발발로 귀국하였다. 1940년 육군성 촉탁으로 고이소 등과 중국에 종군하고 1942년에는 후지타, 고이소 등과 동남아시아 방면에 종군하였다. 1943년 〈야마시타, 퍼시벌 양 사령관 회견도〉로 제국미술원상을 수상하였으며, 〈해군 낙하부대 메나도 기습〉으로 아사히상을 수상하였다.

1939년에 설립된 육군미술협회에 참가하였으며, 종군 시의 화집 『미야모토 사부로 남방종군화집』을 1944년에 출판하였다. 전후에는 다마미술대학[多摩美術大学] 교수, 도쿄교육대학 강사 등을 역임하며 후진을 양성하였다.

5. 전후 일본미술계의 전쟁화 평가와 과제

전후 일본미술계는 문학, 영화 등 다른 분야와 마찬가지로 전쟁화를 통해 전쟁에 협력한 것을 반성하지 않았다. 이는 한국이 전후에 정치, 경제, 학계, 문학계 등에서 친일을 청산하지 못한 것과 마찬가지이다.

그러나 전후 일본미술계에서 전쟁화에 대한 문제 제기가 없었던 것은 아니다. 그 내용과 전쟁화 참여 화가들의 반론을 살펴보는 것도 의의가 있을 것이다.

전후 진주한 미군에게 일본의 미술을 소개하기 위한 전시회가 열렸는데 후지타 등 전쟁화를 그린 화가들도 포함되었다. 이에 대해 미야타 시게오[宮田重雄]는 『아사히신문』 1945년 10월 14일 자에 「미술가의 절조(節操)」라는 글을 게재하였다. 그는 전쟁화를 그린 화가들에게 '작가적 양심이 있으면 붓을 꺾고 근신해야 할 때이다'라고 주장하였다.

> "자신의 예술 소질을 굽혀서 통속 아카데미즘으로 타락하여, 군부에 아부하고 재료 등에서 특혜를 입었던 다방주(茶房主)화가는 누구였던가? 그들은 무대가 바뀌어 막이 오르자 낯 두껍게도 옷을 갈아입고 뛰어나온다. 그 창부적 행동은 그들 자신의 수치일 뿐 아니라 미술가 얼굴에 먹칠하는 것이다"

이에 대해 후지타는 「화가의 양심」이라는 글을 통해 '원래 화가는 참된 자유 애호가로서 군국주의자일 리가 결코 없다. 개전의 대조(大詔)가 발표되자 일억 국민은 모두 전쟁 완수에 협력하였고, 화가들 다수도 더불어 국민적 의무를 수행한 데 지나지 않는다'고 반박하였다. 대표적 전쟁화 화가였던 쓰루타 역시 「화가의 입장」이라는 글에서 '전쟁에 편승했다고들 하는데 지난 8월 15일 전까지는 거의 모든 일본국민은 전쟁을 위하여 정부에 협력하지 않았던가, 또한 협력하는 것이 당연하지 않았던가. 또한 전쟁화를 그린 화가가 다시 평화로 돌아와서 다른 방면을 그린다고 절조를 굽혔다고 하는 것은 틀렸다. 우리는 화가이다. 그리고 싶은 것은 무엇이든 그린다. 우리는 사상운동가가 아니다'라고 주장하였다.

1946년 4월에 결성된 일본미술회는 후지타에 대한 책임 추궁과 전쟁화를 그린 화가들의 숙청을 추진했다. 하지만 숙청을 주장하는 화가들도 어떤 형태로든 전쟁화를 그렸다는 복잡한 사정 때문에 일본미술계의 군국주의자 청산은 제대로 이루어지지 못했다.

그런데 전쟁화를 그린 화가들에게만 '군국주의 전쟁의 협력자'라는 책임을 지워 비난할 수 있을까? 당시의 전쟁화는 전람회 전시를 통해 대중에게 알려졌고, 전람회 개최는 화가의 창작만으로 개최될 수 없었다. 국가와 군부의 관여, 그리고 언론의 홍보와 선동이 있었으며, 이에 호응했던 미술단체에 근본적인 책임이 있다.

또한 전쟁화를 통해 전쟁을 인식하고 전의에 불타올랐던 대중들에게도 책임이 있다. 결국 전쟁화에 대한 평가와 청산은 역사 인식의 문제로 귀결된다.

1.
대동아전쟁기념보국엽서

이 엽서 시리즈는 전3매 세트로 봉투 앞면에 '대동아전쟁기념보급엽서 제1집' 이라고 적혀 있으며, 체신성 발행이라고 명기되어 있다. 뒷면에는 가격이 30전 으로 표시되었는데, 국방헌금 10전이 포함되어 있다. 내각인쇄국 제조라고 적혀 있다. 국방헌금이란 1930년대부터 제2차 세계대전 동안 일본국민이 국방을 위하여 군부에 헌납한 돈을 말한다. 만주사변 때 만주 부대에 투구를 헌납한 것이 시초이며, 이후 비행기, 고사포 등을 위하여 금전과 물품을 헌납하게 되었다.

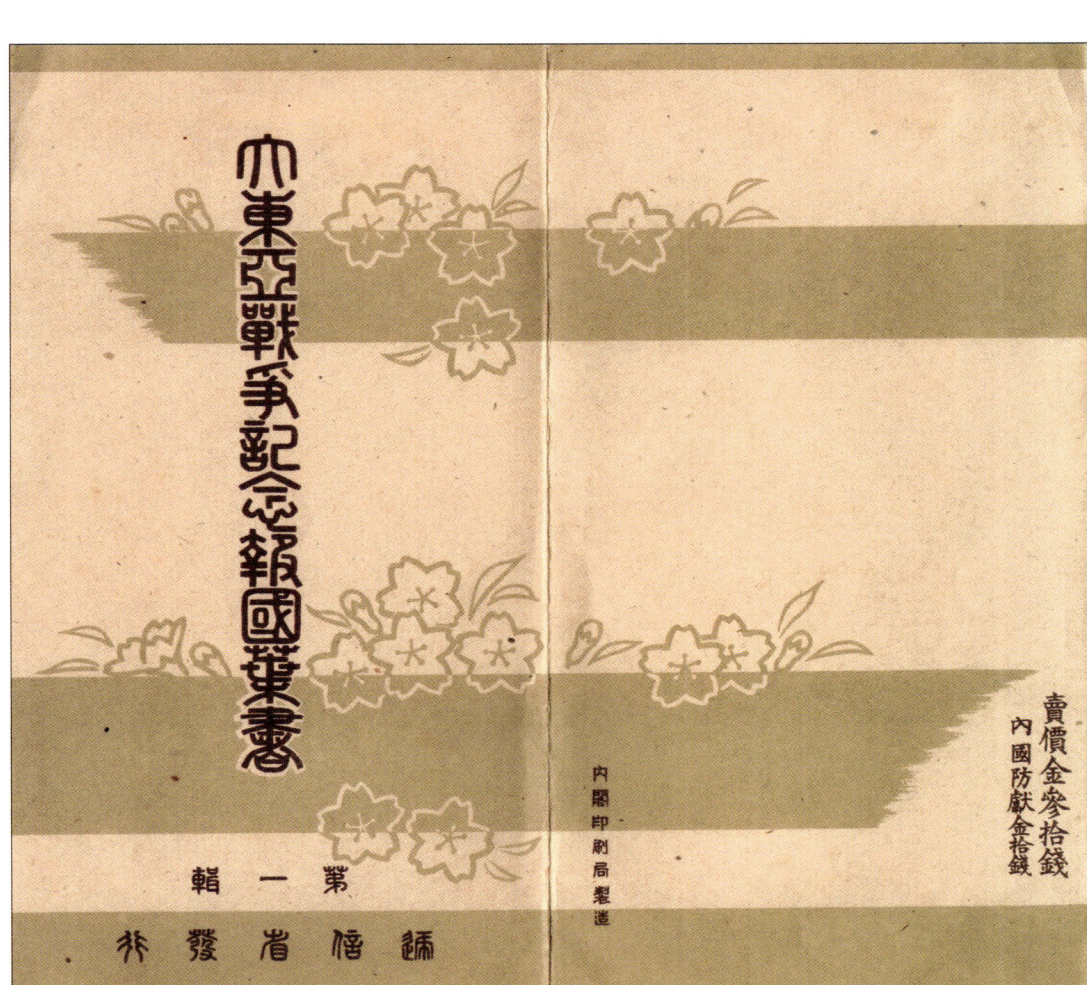

<그림 3-1> 대동아전쟁기념보국엽서 봉투

大東亞戰爭記念報國葉書　第一輯

遞信省

一　ハワイ眞珠灣强襲

吉　岡　堅　二筆

圖は國民銘記の昭和十六年十二月八日未明に於ける太平洋最大の米海軍基地ハワイ眞珠灣内なるフォード島飛行場を强襲せる我が海軍航空部隊による第二次爆擊決行の瞬間を描く。

二　香港黃泥涌高射砲陣地奪取

小　磯　良　平筆

昭和十六年十二月十九日、英國が大東亞蠶食の基點たる香港の一角遙かにジャーデン監視山とその後方に南支那海の水平線を望む黃泥涌峽谷地帶なる敵高射砲陣地を奪取すべく皇軍猛攻の場面を描く。

三　シンガポール英軍の降伏

宮　本　三　郎筆

英國東亞侵略百年の牙城シンガポール陷落の昭和十七年二月十五日午後六時四十分、我が武威の前に白旗を揭げて投降し來れる英國マレー軍首腦部一行を描く。前方右端より司令官パーシバル中將、參謀長トランス准將、日本側杉田參謀、菱刈通譯、英國旗を持つマレー軍々政部長ニュービギン准將、通譯ワイルド少佐

〈그림 3-2〉 설명문

대동아전쟁기념보국엽서 제1집 시리즈는 3매로 각 그림에 설명문이 실려 있다. 설명문은 해당 그림에 붙여 살펴보도록 하겠다.

〈그림 3-3〉 요시오카 겐지[吉岡堅二, 1906~1990]의 〈하와이 진주만 강습〉

"1941년 12월 8일 새벽에 이루어진 태평양 최대의 미해군 기지인 하와이 진주만 포드섬 비행장을 강습하는 우리 해군 항공부대의 제2차 폭격 순간이다"

〈그림 3-4〉 고이소 료헤이의 〈홍콩 웡나이청(黃泥通) 고사포 진지 탈취〉

"1941년 12월 19일, 영국의 대동아 잠식 기점인 홍콩 일각이 멀리 자덴 감시산과 그 후방으로 남지나해의 수평선을 바라보는 웡나이청 협곡지대의 적 고사포 진지를 탈취하기 위한 황군의 맹공 장면이다"

〈그림 3-5〉 미야모토 사부로의 〈싱가포르의 영국군 항복〉

"영국의 동아 침략 100년 아성인 싱가포르 함락. 1942년 2월 15일 오후 6시 40분, 우리 무위(武威) 앞에 백기를 흔들며 투항해 온 영국 말레이시아군 수뇌부 일행이다. 전방 우측부터 사령관 퍼시벌 중장, 참모장 트랜스 준장, 스기타[杉田] 참모, 무기카리[麥刈] 통역, 영국기를 든 말레이시아군 군정부장 뉴피킨 준장, 통역 와일드 소좌 등이다"

2.
대동아전쟁그림엽서

이 엽서 시리즈는 1941년 12월 8일 진주만 기습을 기념하여 1942년 12월 8일 개최된 제1회 대동아전쟁미술전람회에 출품된 그림들을 토대로 제작되었다. 봉투에는 발행일자, 가격, 전 시리즈 매수 등이 적혀 있지 않지만, 현재 소장하고 있는 10매를 중심으로 소개하고자 한다.

제1회 대동아전쟁미술전람회에는 유화, 조각, 동양화(일본화) 등 다양한 작품들이 출품되었는데, 국가의 후원으로 일본의 대표적인 화가들이 총동원되었다. 출품작 중에는 현지에 파견된 화가들의 기록화 39점이 포함되었다. 이 그림들은 홍콩, 말레이시아, 싱가포르, 버마 등 동남아시아에서의 승리를 묘사하고 있으며, 일본의 동남아시아 침략을 담은 것도 있었다.

〈그림 3-6〉 대동아전쟁그림엽서 봉투

<그림 3-7> 나카무라 겐이치의 〈코타바루〉

나카무라는 서양화가로서 도쿄미술학교(현 도쿄예술대학)를 졸업하고, 1923년에 파리에 유학하였다. 전시 중에는 후지타 쓰구하루와 함께 군의 촉탁으로 싱가포르와 인도네시아를 여행하였으며, 코타바루(Kota Bharu)에 15일간 체재하면서 전쟁화를 그렸다.

코타바루는 말레이반도 북단에 있는 도시로서 일본군은 1941년 12월 8일에 하와이 진주만 기습보다 1시간 정도 더 빠른 시각에 코타바루 상륙작전을 개시하였다. 영국을 상대로 한 개전으로서 나카무라는 심야에 달빛을 받으며 돌진하는 병사의 모습을 적 쪽에서 바라보는 관점으로 그렸다. 나카무라의 최고 걸작이라 불린 이 그림은 제1회 대동아전쟁미술전에 출품되어 아사히[朝日]문화상을 수상하였다

<그림 3-8> 미와 초세이[三輪晁勢, 1901~1983]의 〈카비테 공세〉

미와 초세이는 동양화가로서 일본예술원 회원, 교토부[京都府] 미술공예 공로자이며, 교토시 문화공로자 등에 선정된 바 있다.

1942년 해군보도반원으로 필리핀, 자바, 수마트라, 싱가포르, 프랑스령 인도차이나 등을 시찰하였다. 전쟁미술 관계 전시회로는 1942년의 제1회 대동아전쟁미술전, 이듬해의 제2회 대동아전쟁미술전에 출품하였으며 1944년 제8회 해양미술전에도 출품하였다.

일본 해군은 개전 직후인 1941년 12월 10일, 미군 아시아함대의 근거지인 필리핀 루손섬 남부에 있는 카비테(Cavite) 군항을 폭격하였다. 이 그림은 카비테 군항 폭격 순간을 그린 것으로서 제1회 대동아전쟁미술전에 출품되었다.

大東亞戰爭美術展覽會出品

（キヤビテ攻撃）　海軍省藏　三輪晁勢筆

〈그림 3-9〉 야마구치 호슌[山口蓬春, 1893~1971]의 〈홍콩섬 최후의 총공격도〉

야마구치 호슌은 동양화가로서 도쿄미술학교(현 도쿄예술대학)를 졸업하고 야마토에[大和繪]를 그렸다. 일본은 1941년 12월 8일 하와이와 홍콩 공격을 시작하여 불과 5일 만에 4만 명의 병력으로 주룽[九龍]반도를 점령하고 18일부터 홍콩섬 공격에 나섰다. 12월 25일 오후 영국군이 항복하여 이날을 '블랙 크리스마스'라고 부르게 되었다.
이 그림은 멀리 빅토리아 피크를 배경으로 홍콩섬에서 주룽반도를 바라보는 풍경이며 포연이 자욱한 함락 직후의 홍콩의 모습을 잘 나타내고 있다.

〈그림 3-10〉 후지타 쓰구하루의 〈싱가포르 최후의 날(부킷 티마 고지)〉

부킷 티마(Bukit Timah)는 싱가포르 중심부에 있는 언덕으로서 제2차 세계대전 때 일본군과 영국군(오스트레일리아 및 인도군 포함)이 최후의 전투를 벌인 곳이다. 격렬한 전투 끝에 영국군은 1942년 2월 15일 일본군에게 투항하였다.
후지타는 싱가포르가 함락된 후 3월에 육군성, 5월에 해군성에서 싱가포르에 파견되었으며, 이때 말레이반도와 싱가포르의 격전지를 돌아보았던 듯하다. 그는 부킷 티마 공략전에 참가한 부대장과 장병에게 직접 무용담을 전해 들었고 그들이 당시의 피에 젖은 복장으로 포즈를 취해 주었다고 신문에 게재한 글에서 설명하였다. 귀국 후에 작품 제작에 착수하여 12월에 대동아전쟁미술전람회에 출품하였다.
점령 후의 싱가포르 거리를 원경으로 하고, 포복하는 병사들을 전면에 그렸다. 영국군이 스스로 포격한 석유탱크에서 피어나는 포연이 격렬했던 전투 상황을 짐작하게 한다.

〈그림 3-11〉 미야모토 사부로의 〈야마시타[山下]·퍼시벌 양사령관 회견도〉

미야모토는 1940년에 육군성 촉탁으로 중국에 종군하였으며, 이 그림으로 1943년에 제국미술원상을 수상하였다. 이 그림은 부킷 티마 전투 후 설날이었던 1942년 2월 15일, 영국군이 항복하자 포드자동차 공장에서 야마시타 도모유키[山下奉文, 1885~1946] 일본 육군 총사령관과 아서 퍼시벌(Arthur Percival, 1887~1966) 영국군 총사령관 일행이 회담하는 장면을 그린 것이다. 당시 촬영된 사진(24쪽 신문기사 참조)을 바탕으로 그렸지만 위쪽에 영국 국기와 백기를 그려넣고 뒷모습만 보이는 퍼시벌의 얼굴을 옆모습으로 그렸다.

〈그림 3-12〉 진젠지 쇼이치[秦泉寺正一, 1914~2001]의 〈포로의 무리〉

진젠지는 아시아태평양전쟁 당시 소장 화가였으므로 전쟁화 관련 경력은 잘 알려지지 않았다. 전후에 고치대학[高知大学] 교수를 역임하였다.

이 그림은 일본의 전쟁화가 금기시하는 무리지어 있는 포로들을 그렸다. 그것도 얼굴을 그리지 않고, 조금 높은 곳에서 포로들의 뒷모습을 내려다보는 앵글로 담았다.

〈그림 3-13〉 히로카와 소이치[廣川操一, 1894~1983]의 〈스콜이 오다〉

히로카와는 도쿄미술학교[東京美術学校] 재학 중에 문전(文展)에 입선하였으며, 쇼소인[正倉院] 소장품 연구에 종사하여 야마토에[大和絵]에 입각한 화풍의 그림을 그렸다.

이 그림은 폭풍우 속에서 전면에 배들을 배치하고 작전을 지휘하는 배 위의 인물을 작게 그렸다. 번개 치는 모습이 생동감 있게 묘사되었으며, 전체적인 풍경에 전통화의 분위기가 드러난다.

〈그림 3-14〉 진젠지 쇼이치의 〈스콜의 패주〉

이 그림은 3분의 2 이상을 돌풍이 몰려오는 하늘의 모습을 그리고 전투 장면은 전면에 작게 그렸다. 하늘을 날고 있는 비행기와 전면의 전투 풍경이 매우 사실적으로 그려졌다.

<그림 3-15> 하시모토 야오지[橋本八百二, 1903~1979]의 <산악 공격>

하시모토 야오지는 도쿄미술학교를 졸업한 서양화가로 노동자 등 인간 군상을 그렸다. 전후에는 이와테현[岩手県] 의회 의원으로도 활동하였다.

이 그림은 산악 지역에 매복하여 공격 신호를 기다리는 병사들의 모습을 전면에 그리고 하늘을 나는 비행기를 멀리 배치하여 그린 것이다.

〈그림 3-16〉 다카이 데이지[高井貞二, 1911~1986]의 〈하야부사(隼) 급습하다〉

하야부사[隼]는 제2차 세계대전 때 일본 육군이 사용하던 일식 전투기(一式戰鬪機)이다. 사식 전투기(四式戰鬪機) 하야테[疾風]와 더불어 일본 육군을 대표하던 전투기였다.

이 그림은 하야부사가 적을 공격하는 장면을 상공에서 촬영하듯이 생동감 있게 그렸다.

3.
대동아전쟁그림엽서(육군)

앞에서 소개한 '대동아전쟁 그림엽서'의 후속으로 육군과 해군편으로 새로 인쇄한 것으로 보인다. 봉투에는 전체 시리즈의 매수와 정가가 표시되어 있지 않아 전체 매수를 확인할 수 없으나 현재 6매를 소장하고 있다. 봉투의 표지 그림은 해군과 세트지만 육군편에서는 상단에 비행기를 그렸다. 엽서에 수록한 육군의 작전 지역에 주의하면서 감상하기 바란다.

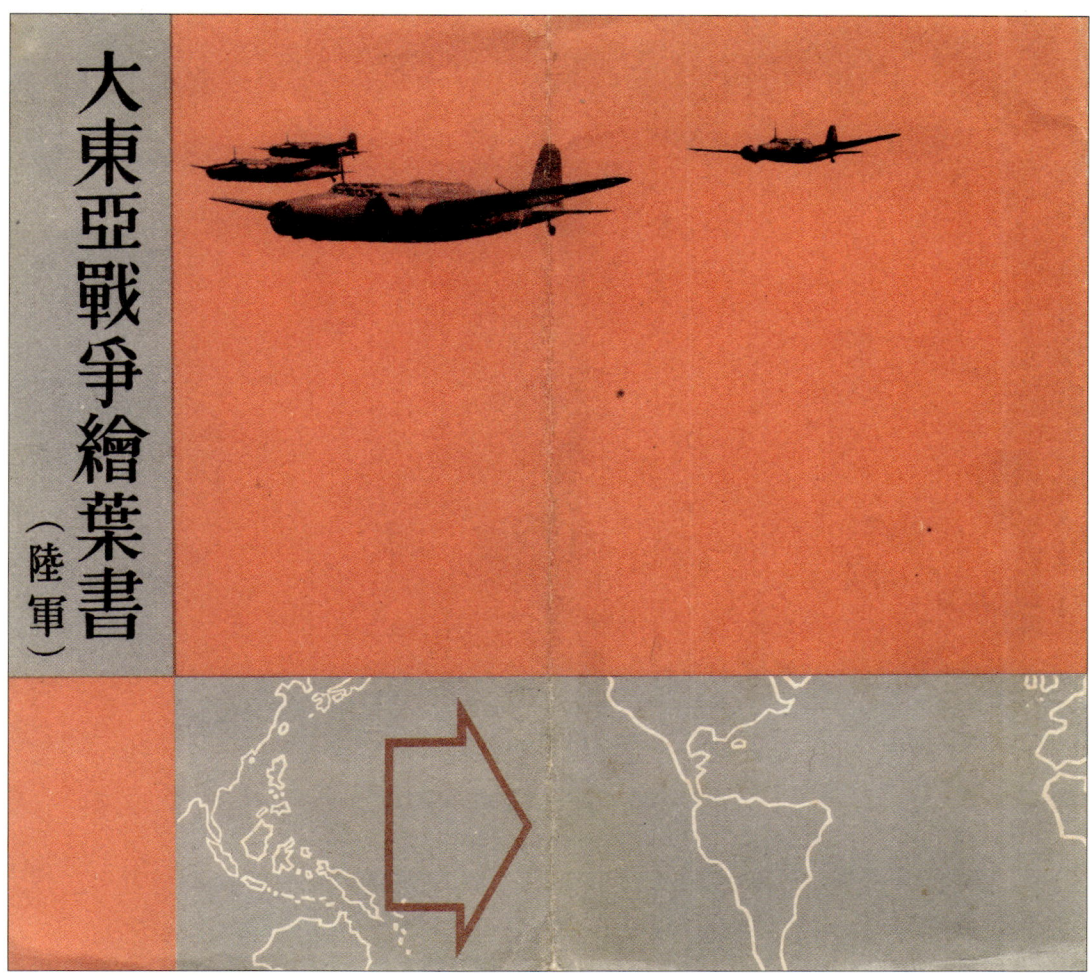

〈그림 3-17〉 대동아전쟁그림엽서(육군) 봉투

〈그림 3-18〉 야마모토 히코시로[山本日子士良, 1910~1993]의 〈엄중한 북해 수호〉

야마모토는 도쿄미술학교를 졸업하고 병역에 복무하였다. 서양화가로 주로 여성을 모델로 한 인물화를 그렸는데 1941년 제2회 성전미술전에 〈전쟁터의 오아시스[戰野のオアシス]〉, 〈눈 속의 탄약 수송(雪中の彈藥輸送)〉을 출품하여 아사히[朝日]신문사상을 수상했다. 그 밖에도 〈한 대도 돌아오지 않고[一機還らず]〉(1941년작)가 육군대신상, 〈대어(大漁)〉(1944년작)가 해군대신상을 받았다.

이 그림은 추위와 싸우며 북해를 수호하는 병사들의 뒷모습을 클로즈업하는 독특한 구도로 그렸다.

〈그림 3-19〉 하시모토 데쓰로[橋本徹郎]의 〈버마의 환희〉

버마는 1885년 영국의 식민지가 되었으며, 이듬해에 영국령 인도에 편입되었다. 1937년 인도에서 분리되어 영국 직할령이 되었는데 일본은 아시아태평양전쟁 개전 이후 버마의 반영운동을 지원하는 한편, 버마의 장제스 지원 루트를 차단하였다. 1943년 8월 1일 버마는 반영운동으로 투옥되었던 바모(Ba Maw)를 초대 총리로 독립을 선언하였다. 이 그림은 1943년 8월, 독립에 환호하는 버마인들의 모습을 그린 것이다. 간간이 버마 국기를 든 사람도 있지만 대부분의 버마 사람들이 일장기를 흔들며 기뻐하는 모습으로 그렸다. 버마의 독립이 일본에 의해 이뤄진 것이고, 그에 대해 버마사람들이 감사하는 장면을 강조하고 있다.

〈그림 3-20〉 스즈키 에이지로[鈴木榮二郎, 1910~1954]의 〈일본 만세(새 필리핀 탄생의 날)〉

스즈키 에이지로는 1938년 상하이파견군의 요청으로 상하이사변을 기록하기 위해 나가무라 겐이치[中村研一] 등과 함께 종군화가로 상하이로 건너갔다. 1938년 제1회 대일본육군종군화가협회전, 1942년의 대동아전쟁종군화전, 같은 해 육군성파견종군남방종군화전, 1943년 제1회 육군미술전, 이듬해의 제2회 육군미술전 등에 출품하였다. 또한 1939년의 제1회 성전미술전, 1941년의 제2회 성전미술전, 1942년의 제1회 대동아전쟁미술전, 1943년 제2회 대동아전쟁미술전, 1944년 제8회 해양미술전에 출품하는 등 적극적으로 활동하였다.

일본은 아시아태평양전쟁 개전 직후부터 미국의 식민지였던 필리핀을 공격하여 3년 7개월간 점령하였다. 미국과 달리 필리핀에 독립을 허용한다는 것을 보여주기 위하여 1943년에 필리핀 독립을 승인하였고, 호세 파치아노 라우렐이 9월 25일 대통령으로 선출되었다. 이 그림은 필리핀 독립식을 그린 것으로서 필리핀 국기와 일장기가 게양된 가운데 필리핀 사람들이 일장기와 필리핀 국기를 들고 만세를 부르는 장면을 그렸다. 제목을 〈일본 만세!〉라고 붙여서 필리핀 독립은 일본의 아시아 민족 해방의 일환이라고 강조하는 그림이다.

<그림 3-21> 가와나 히로키[川名廣喜, 1910~1945]의 <이창(宜昌)산악전(중국 중부전선)>

가와나 히로키는 도쿄미술학교 재학 중인 1932년 제13회 제국미술원전람회에 입선하여 두각을 나타냈다. 졸업 후에는 교사로 학생들을 가르쳤으며, 1935년 입대하였다. 중일전쟁 발발 직후에는 중대장으로서 중국 중부 및 소련 국경을 전전한 후 1940년 말 귀환하였다. 제대 후 다시 교직에 복귀하였다가 1년 후 퇴직하였다. 육군미술가협회 회원을 지냈으며, 실전 경험을 토대로 적극적으로 전쟁화를 그리며 여러 전람회에 작품을 발표하였다. 1944년 2월 재소집된 가와나는 중국으로 출병하여 12월에 보도반으로 전속되었다. 육군보도화가로서 주장[九江], 한커우[漢口], 무창[武昌], 둥팅호[洞庭湖], 사스[沙市], 징저우[荊州], 이창[宜昌] 등을 돌았다. 7월 말에 귀국하였다가 1945년 1월 28일에 주장[九江]에서 전사하였다. 이런 까닭에 그의 그림은 다른 화가들의 전쟁화와 달리 병사들의 움직임에 생동감이 있다.

이 그림은 앞뒤의 산들이 산악전의 특성을 잘 보여주고 있으며, 바위를 의지하여 작전을 펼치는 병사들의 움직임이 사실적이다.

〈그림 3-22〉 미나미 마사요시[南政善, 1908~1976]의 〈적진 육박(뉴기니아전선)〉

미나미 마사요시는 1935년 도쿄미술학교(현 도쿄예술대학 미술학부)를 졸업하였으며, 1939년 문부성미술전람회에서 특선하였다. 제2차 세계대전 중에 중국에 종군하여 전쟁화를 그렸고, 1942년 제2회 성전미술전에서 〈포열포치(砲列布置)〉로 육군대신상, 〈수송선단(輸送船団)〉으로 해군대신상을 수상하였다.

이 그림은 뉴기니전선의 정글을 배경으로 멀리 실루엣으로 보이는 적진에 접근해 가는 병사들을 그린 것으로서 적진에 한발 한발 다가가는 긴장감을 생동감 있게 묘사했다.

〈그림 3-23〉 이데 노부미치[井手宣通, 1912~1993]의 〈밀림을 정복하다(솔로몬 전선)〉

이데 노부미치는 1935년 도쿄미술학교 서양화과를 졸업하고, 다시 조각과에 입학하여 1940년에 졸업하였다. 재학 중인 1940년 제국미술원전람회에 입선하여 화단에 데뷔하였다.

이 그림은 솔로몬전선의 밀림을 헤쳐나가는 병사들의 모습을 그린 것으로, 서로 격려하고 주의하면서 앞으로 나아가는 모습이 사실적이다.

4.
대동아전쟁그림엽서(해군)

대동아전쟁 그림엽서(해군)의 봉투로서 육군과 같은 디자인이지만, 상부에 육군편의 비행기 대신 함선 그림이 있어 같은 시리즈로 기획된 것임을 알 수 있다. 전체 매수와 정가가 표시되어 있지 않아 수량을 확인할 수 없지만 육군이 제작한 것과 마찬가지로 6매를 소장하고 있으므로, 6매 시리즈일 가능성이 크다. 봉투 뒷면에는 '육군미술협회 근제(謹製)'라고 적혀 있다.

그림의 배경이 되는 당시 해군의 작전 지역에 유의하면서 육군 시리즈와 비교해 보기 바란다. 육군과 달리 특정 지명을 드러내지 않으면서 작전 '기지'와 적에 대한 공격을 강조하는 것이 특징이다. 주로 해군 보도반원으로 종군하였던 화가들이 그렸다.

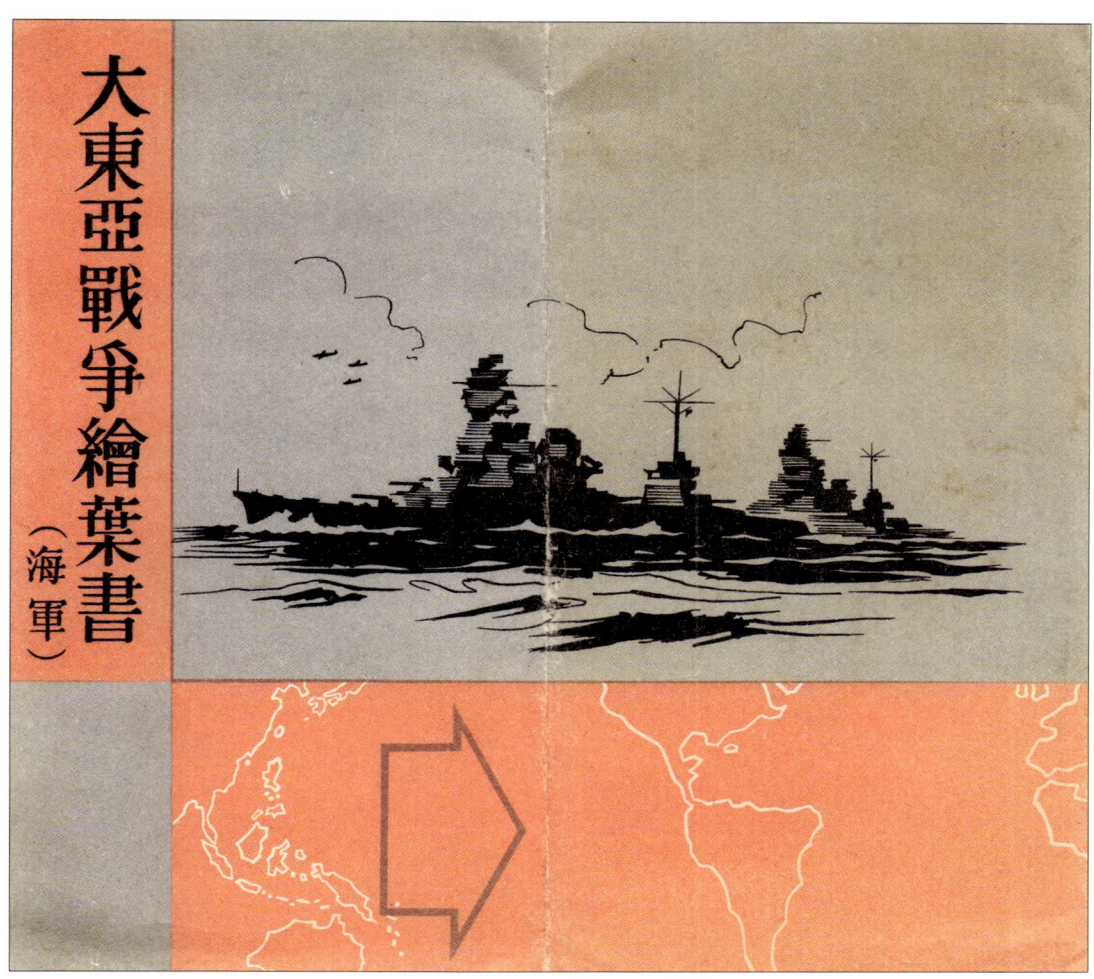

〈그림 3-24〉 대동아전쟁그림엽서(해군) 봉투

〈그림 3-25〉 무라카미 마쓰지로[村上松次郎, 1897~1962]의 〈함대 출격〉

무라카미 마쓰지로는 삽화가로 현대소설, 군사소설의 삽화를 주로 그렸다. 그의 삽화는 군함이나 해전을 주제로 한 사실적인 그림이 많았다. 전쟁화와 관련해서는 1942년 제1회 대동아전쟁미술전, 1943년 제2회 대동아전쟁미술전에 출품하였으며, 1940년 제4회 해양미술전, 1943년 제7회 해양미술전에 출품하였다.

이 그림은 바다를 원경으로 잡고 출격을 앞둔 함대를 그린 것이다.

〈그림 3-26〉 아리오카 이치로[有岡一郎, 1900~1966]의 〈장렬한 최후! 남해의 항공 결전〉

아리오카 이치로는 오사카의 상업학교를 중퇴하고 1917년 홍고양화연구소[本郷洋画研究所]에 들어가 미술을 공부하였다. 1920년 제국미술원전람회에 특선하여 구로타[黒田]장려상을 수상하였다. 전쟁 중에는 해군에 의해 자바, 발리 등에 파견되었고 1937년 대본영의 의뢰로 〈자바 먼바다 해전도[ジャワ沖海戦の図]〉를 그려 대동아전쟁미술전에 출품하였다.

이 그림은 적기에 부딪치며 장렬하게 추락하는 항공전 장면을 그린 것이다.

〈그림 3-27〉 우에노야마 기요쓰구[上野山清貢, 1889~1960]의 〈알류샨을 기억하다〉

우에노야마 기요쓰구는 홋카이도 출신이며, 소학교 대용교원으로 그림과 검도를 가르쳤다. 1911년에 상경하여 태평양화회연구소(太平洋画会研究所)에서 그림을 공부했으며, 1924년 제국미술원전람회에서 입선, 1926년에는 특선하였다. 외교관 출신 일본 수상 히로타 고우키[広田弘毅]와 친하였으며, 홋카이도의 풍경과 아이누 등을 주로 그렸다.

이 그림은 1943년 전멸에 가까운 패배를 한 '알류샨 전투를 기억'하자는 주제이며, 병사의 등 뒤에서 생선을 물고 있는 들개를 배치한 독특한 구도이다.

〈그림 3-28〉 사토 케이[佐藤敬, 1906~1978]의 〈남방의 해군 비행기지〉

사토 케이는 도쿄미술학교 서양화과를 졸업하고 프랑스로 건너갔다. 재학 중이던 1929년 제10회 제국미술원전람회에 입선하였다. 1941년 5월 이노쿠마 겐이치로[猪熊弦一郎, 1902~1993]와 함께 중지파견군(中支派遣軍) 보도부 보도반원으로 종군하였다. 이어서 1942년에는 해군의 명으로 필리핀으로 건너가 해군 폭격기 기록화를 제작하였다.
이 그림은 야자수를 배경으로 남방 지역의 해군비행기지를 그렸다.

〈그림 3-29〉 후루시마 마쓰노스케[古嶋松之助]의 〈남해에 몸 바친 육전대〉

후루시마는 서양화가로 전시 중에 만주와 중국 북부 및 중부에 종군하였다. 1941년 제2회 성전미술전에 출품하였으며, 1942~1944년의 해양미술전에 연속하여 출품하였다.

웨이크(Wake)섬은 태평양 미드웨이와 괌 사이에 있는 산호섬으로 전략적으로 매우 중요하였다. 일본 해군은 1941년 12월 8일 개전과 동시에 미국 본토와 필리핀을 연결하는 요충지인 웨이크섬을 공습하였다. 몇 차례의 공격 실패 후 12월 21일에 항공모함 2척에서 함재기 약 100기에 의한 폭격을 행한 후 해군의 육상 전투부대인 육전대가 이 섬에 상륙하였다. 그러나 상륙 후에도 미국 수비대의 격렬한 저항으로 육전대는 많은 사상자를 낸 후 23일에 서야 간신히 웨이크섬을 점령하였다.

이 그림은 섬에 상륙한 육전대가 욱일기를 앞세우고 전진하는 장면을 그린 것으로, 제목에서도 알 수 있듯이 육전대의 희생을 기리는 그림이다.

〈그림 3-30〉 가와바타 미노루[川端実, 1911~2001]의 〈적 함대 격멸〉

가와바타는 화가 집안에서 태어나 1934년 도쿄미술학교를 졸업하고 1936년 유럽에 건너갔으며 1941년 귀국하였다. 1942년부터 보르네오, 말레이시아 방면에 종군하였다. 1943년 제1회 육군미술전, 같은 해 국민총력결전미술전, 1944년 제2회 육군미술전에 출품하였으며, 1942년 제1회 대동아전쟁미술전, 이듬해의 제2회 대동아전쟁미술전에도 출품하였다.
이 그림은 일본 해군이 항공기 공격으로 적 함대를 무찌르는 장면으로 폭발의 순간을 생생하게 묘사하였다.

5.
대동아전쟁휼병그림엽서 제2집

휼병(恤兵)이란 전장의 병사들에게 물품이나 금품을 보내어 위로한다는 의미로, 이 엽서 시리즈는 대동아전쟁을 치르고 있는 병사들을 위문하는 그림엽서이다. 제2집이므로 이런 엽서 시리즈가 연속적으로 발매되었음을 알 수 있다. 해군성 휼병계가 발행했으며 전체 매수와 가격은 적혀 있지 않으나 현재 3매를 소장하고 있다. 해군의 유명한 전투를 배경으로 한 그림들이므로 실제 전과와 비교하며 감상해 보자.

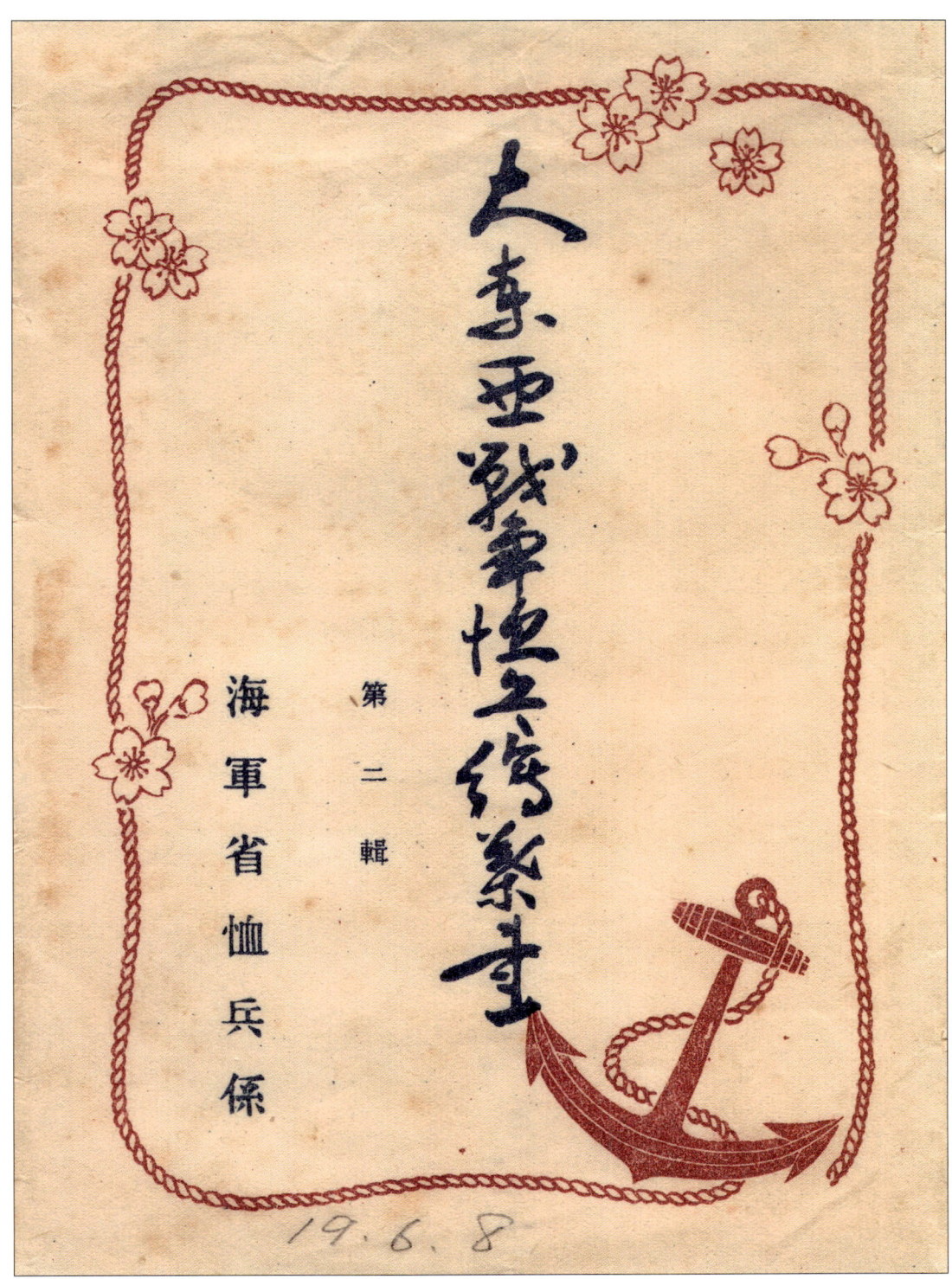

〈그림 3-31〉 대동아전쟁휼병그림엽서 제2집 봉투

〈그림 3-32〉 다카이 데이지의 〈해군낙하산부대 메나도 공략〉

다카이 데이지는 오사카의 시나노바시양화연구소[信濃橋洋画研究所]에서 미술을 공부한 서양화가이다. 1930년 도쿄로 옮겨 이과전(二科展)에서 입선하였다.

1938년 종군화가로서 상하이, 수저우[蘇州], 난징[南京], 주장[九江]에 파견되었으며, 1942년에는 만주에 파견되었다. 1944년에는 쓰루타 고로, 무카이 준키치와 군수생산미술정신대(軍需生産美術挺身隊)를 설립하였다. 종군 중의 그림과 글을 엮은 『중지풍토기(中支風土記)』라는 책을 출판하였다.

일본의 동남아시아 공격 목적은 석유자원 확보에 있었으므로 네덜란드령 인도차이나를 점령하는 것은 매우 중요했다. 아시아태평양전쟁 개전 이후 말레이 해전에서 승리한 일본군은 1942년 2월 14일 육군의 낙하산부대가 수마트라의 팔렘방에 투입되었다. 낙하산부대는 '하늘의 신병'으로 대대적으로 선전되었으나 실제로는 해군 낙하산부대의 메나도(Menado) 공격이 육군보다 1개월 더 빨랐다. 메나도는 인도네시아 술라웨시우타라주의 주도로서, 므나도, 마나도로도 표기된다. 메나도는 필리핀 아래쪽에 위치하는 군사전략상 주요 지점으로, 이 그림은 해군 낙하산부대가 메나도를 기습공격하는 장면을 그렸다.

〈그림 3-33〉 〈일본군의 인도네시아 침략〉

スラバヤ沖海戰ヒユーストン號擊沈　　　　　　　　松添　健画

〈그림 3-34〉 마쓰조에 겐[松添建, 생몰연대 미상]의 〈슬라바야 해전의 휴스톤호 격침〉

마쓰조에 겐은 서양화가로 해양을 주로 그렸으며, 잡지 삽화도 그렸다. 1942년에 종군화가로 남방에 파견되었다. 전쟁화로는 1939년부터 제3회 해양미술전, 제4회 해양미술전, 제5회 해양미술전, 제6회 해양미술전, 제7회 해양미술전, 제8회 해양미술전에 연속 출품하였다.

슬라바야 해전은 1942년 2월 27일~3월 1일에 걸쳐 인도네시아 앞바다에서 전개된 해전으로 연합군은 자바해 해전(Battle of the Java Sea)이라 부른다. 일본 해군과 미국, 영국, 네덜란드, 오스트레일리아의 싸움이었으나, 이 해전에서 미군 순양함 휴스톤(USS Houston)호가 격침되었다. 이 그림은 휴스톤호가 공격을 받는 순간을 물보라와 포연 등으로 생생하게 묘사하였다.

〈그림 3-35〉 무라카미 마쓰지로의 〈미국 항공모함 렉싱턴호 격침〉

무라카미 마쓰지로는 도쿄 출신의 삽화가로 현대소설과 군사소설의 삽화를 주로 그렸다.
1942년 3월 일본군이 뉴기니 동부의 라에, 살라마우아를 점령하고 이어서 포트 모르즈비 공략에 나섰을 때 미국, 오스트레일리아 연합군과 격돌한 것이 산호해 해전이다. 5월 7~8일에 걸쳐 전개된 이 해전은 사상 최초의 항공모함끼리의 전투로 미군 항공모함 렉싱턴이 침몰하고, 요크타운도 손상을 입었다. 일본 언론은 렉싱턴호를 침몰시킨 전과를 대대적으로 선전하였으나, 일본군의 피해도 컸다. 미 해군이 요크타운의 수리를 단기간에 끝낸 데 비해 일본은 포트 모르즈비 공략을 연기하지 않을 수 없었고, 미드웨이 해전에서 참패하게 되었다.
이 그림은 미국 항공모함 렉싱턴호가 일본 해군의 공격을 받아 격침되는 순간을 그린 것이다.

6.
대동아전쟁휼병그림엽서 제5집

〈그림 3-36〉 대동아전쟁휼병그림엽서 제5집 봉투

휼병(恤兵)이란 물품이나 금품을 보내어 전장의 병사들을 위로한다는 의미이며, 이 시리즈는 전쟁터의 병사들을 위문하기 위해 발행되었다. 해군성 휼병계가 발행하였으며 전체 매수와 가격은 적혀 있지 않으나 현재 5매를 소장하고 있다.

앞서 소개한 제2집이 구체적인 전투와 전함의 이름을 명시하고 있는 데 비해 제5집에서는 구체적인 지명이나 전투에 대한 선전보다는 전선경비, 전선기지, 선단 호송 등 병사들의 활동을 알리는 데 치중하고 있다.

〈그림 3-37〉 이시카와 도라지[石川寅治, 1895~1964]의 〈전선(前線) 경비〉

이시카와 도라지는 1891년에 고야마 세이타로[小山正太郎] 부동사(不同舍)에서 그림을 공부하였다. 고야마의 조수로서 일찍이 청일전쟁의 파노라마 그림을 그린 바 있다. 서양화가로 여성, 풍경을 주로 그렸고, 인상파와 같은 밝은 색채의 화풍이 특징이다. 1938년, 1943년에 종군화가로서 중국에 건너갔으며, 1937년 제1회 해양미술전에 출품한 이래 제2회, 제5회, 제8회에 출품하였고 1944년 전시특별문전에서 육군성·해군성특별출품에도 참여하였다. 이 그림은 전쟁터에서 적과 마주하는 제1선인 전선(前線)을 경비하는 일본군 병사의 뒷모습을 바다를 배경으로 그린 것이다.

〈그림 3-38〉 나카무라 나오토[中村直人, 1905~1981]의 〈출격〉

나카무라 나오토는 서양화가이자 조각가로서 1926년 제13회 원전(院展, 공익재단법인 일본미술원이 운영)에서 조각으로 입선하였으며, 1930년 제1회 일본미술원 최고상을 수상하였다.

1937년 톈진[天津]과 산시[山西]에 종군화가로 파견되었으며, 1939년 육군미술협회 발기인에 이름을 올렸다. 1942년에는 해군성 촉탁으로 남방에 파견되었으며, 1943년 라바울에 해군 보도반원으로 파견되었다.

이 그림은 전투기를 배경으로 막 출격을 앞둔 두 병사의 결연한 표정을 그린 것이다.

〈그림 3-39〉 고보리 야스오[小堀安雄, 1902~1970]의 〈전선(前線) 기지〉

고보리 야스오는 동양화가이자 삽화가로서 일본의 역사적 인물이나 수렵도로 유명하다. 전쟁화로는 일본이 3만 명을 파병하여 그중 2만 명 이상이 전사하고 다수의 아사자를 낸 과달카날섬의 철수장면을 그린 〈이자벨섬 먼바다 해전[イサベル島沖海戦]〉이 가장 유명하다.

이 그림은 전쟁터에서 적을 마주하는 전선(前線) 기지를 그린 것이지만, 한가롭게 해변을 걷는 원주민들의 모습을 통해 일본군의 안정적 수비태세를 강조한 것으로 보인다.

〈그림 3-40〉 오쿠보 사쿠지로[大久保作次郎, 1890~1973]의 〈선단 호송〉

오쿠보 사쿠지로는 1915년 도쿄미술학교 서양화과를 졸업하고 1923년에서 1927년까지 프랑스에서 생활하였다. 전쟁화 관련 전람회 출품은 1937년 제1회 해양미술전 이래 제2회와 제8회에 출품하였으며, 1943년 제2회 대동아 전쟁미술전에 출품하였다.

이 그림은 늘어선 선단들과 전면에 배치한 병사들로 선단 호송 장면을 표현한 것이다.

〈그림 3-41〉 이토 신스이[伊東深水, 1898~1972]의 〈원주민 간호부〉

이토 신스이는 에도시대 우키요에[浮世絵]의 전통을 계승한 화가로 미인화가 유명하다. 1943년 해군보도반원으로 남방 여러 섬에 파견되어 400매 이상의 스케치화를 그렸다. 그의 전쟁화는 전투보다는 전쟁 속에서의 삶을 소재로 한 것이 많다. 즉, 직물을 짜는 여성, 현지 간호사들, 현지인들의 생활상, 현지 풍경화 등 전쟁화로 정의하기에는 이색적인 그림들이다.

이 그림도 동양화 기법으로 그린 인물화로서 그림에 '바타비아 치키니'라는 지명이 적혀 있어 이들이 인도네시아 자카르타의 원주민 간호사들임을 알 수 있다.

7.
제2회 대동아전쟁미술전람회 출품 그림엽서

전쟁미술전람회는 국가·군부·군 관계 미술 제단체·신문사가 주최나 후원하여 서양화·동양화·조각 등 여러 미술 작품을 전시하였다. 이런 전람회는 화가에게는 '작품 발표의 장', 군부에게는 '전의 고양을 촉구하는 장', 신문사에게는 '문화사업의 장'이었다.

1930년대 만주사변과 중일전쟁을 통해 일본의 미술전람회는 예술적 성격을 벗어나 정치적 성격을 띠게 되었다. 전쟁터에 종군하는 화가와 조각가들로 구성된 대일본종군화가협회가 1938년 4월 26일에 결성되었으며, 협회 결성에는 당시 아사히신문사의 스미 기요시[住喜代志, 후에 육군미술협회 사무국장 취임]의 공이 컸다. 협회의 방침은 육군에 협력하는 화가 70여 명에게 그림을 통해 국방 선전, 선무공작, 군사 위문 등에 힘쓰도록 하는 것이었다.

이후 1939년 4월 14일에 육군의 외곽단체로서 대일본육군종군화가협회가 설립되어 육군미술협회로 확대되었다.

대동아미술전람회는 아시아태평양전쟁 개전을 기념하여 1942년과 1943년에 개최되었는데, 이 시리즈는 제2회 대동아미술전람회에 출품된 작품으로 엮은 것이다. 봉투가 없어서 전체 시리즈 숫자와 발행처를 알 수 없지만 현재 소장하고 있는 9매를 중심으로 감상해 보자.

〈그림 3-42〉 요시오카 겐지의 〈넓은 하늘을 가르는 결전〉

요시오카 겐지는 동양화가로서 1926년 제전에 입선한 이래 관전에서 활약하였으며, 1934년 일본화연구회를 설립하고 1938년 이를 신미술협회로 개조하였다. 1938년 종군화가로서 중국에 건너갔으며, 1939년 육군미술협회 결성에 참여하였다. 1941년 대일본항공미술협회 발기인으로 참여하였으며, 여러 점의 항공미술 작품을 그렸다.

항공미술이란 항공지식을 배경으로 공중전을 본격적으로 다룬 작품을 의미한다. 이 그림에서도 공중전의 모습과 비행기의 추락 장면이 생생하게 묘사되었다.

〈그림 3-43〉 쓰루타 고로의 〈두 마음은 없다(無二心)〉

그림의 제목인 〈두 마음은 없다(無二心)〉는 본래 '충즉무이심(忠則無二心)'으로서 충(忠)이 있으면 결코 다른 마음이 생기지 않는다는 의미이다. 이 그림은 포탄이 날아드는 전장에서 나무가 부러지는 가운데 세 사람의 병사를 배치하여 그런 각오를 표현한 것으로 보인다.

〈그림 3-44〉 미사와 다카마쓰[三澤孝松]의 〈전우〉

미사와 다카마쓰는 삽화가로 『일본의 어린이[日本ノコドモ]』라는 잡지에 그린 삽화가 많이 남아 있다. 그의 삽화는 세계 각지에서 일본군이 그 지역 주민과 아이들을 구원하고 친절을 베푸는 내용으로, 그 자체가 전쟁화라고 할 수 있다.
이 그림은 부상당한 전우를 업고 가는 병사의 모습을 그린 것으로, 제2회 대동아전쟁미술전람회에서 육군대신상을 수상하였다.

第二回大東亞戰爭美術展覽會出品

陸軍大臣賞　　（戰　友）　　三澤孝松筆

〈그림 3-45〉 미야모토 사부로의 〈해군 낙하산부대 메나도 기습〉

미야모토 사부로는 1927년 이과전(二科展)에 입선하였으며, 1938년 유럽에 건너가 이탈리아 르네상스 회화를 연구하였다. 여성화, 누드화가 전문이지만 전쟁화도 다수 남겼다. 1940년부터 중국에 종군하고 1942년에는 후지타 쓰구하루, 고이소 료헤이 등과 동남아시아 방면에 종군하였다.

1942년 1월에 일본 해군이 낙하산부대를 투입한 메나도(Menado) 기습공격은 이후의 낙하산부대 기습공격의 선구가 되는 매우 중요한 작전이었다. 메나도는 인도네시아 술라웨시우타라주의 주도로서, 므나도, 마나도로도 표기되는 군사전략상의 요지이다. 해군보도반원 혼마 긴스케[本間金資]는 해군 낙하산부대와 행동을 함께 하며 전투 장면을 카메라에 담았다. 그는 해군 낙하산부대가 메나도의 적지를 기습하여 최초의 성공을 이루는 장면을 촬영하였고 그 사진은 『슬라바야·바타비아 해전』에 실렸다.

미야모토는 혼마의 사진을 바탕으로 같은 구도로 그림을 그렸으나, 전면에 병사들을 배치하여 작전 장면을 더 실감나게 묘사하였다. 같은 소재를 그린 206쪽의 다카이 데이지의 그림과 비교하면서 감상해 보기 바란다.

〈그림 3-46〉 후쿠다 도요시로[福田豊四郎, 1904~1970]의 〈신병 강하(神兵降下)〉

후쿠다 도요시로는 서양화가로서 1924년 제전(帝展)에 입선하였으나 1930년 무렵부터는 반관전을 표명하였다. 종군화가로 1938년 중국 북부와 중부를 돌아보았고, 1939년에는 북부 보르네오를 탐방하였다. 1941년 대일본항공미술협회 발기인으로 참여하였다.

이 그림은 항공미술의 대표작으로서 상부에 전투기 기체 일부를 확대하고, 낙하산 부대원을 클로즈업하여 낙하 순간을 포착한 것이다. 대담한 콘트라스트와 과감한 근접 시점이 자아내는 불안정성은 낙하 순간의 긴장감을 극대화하고 있다.

第二回大東亞戰爭美術展覽會出品　（神兵降下）　福田豊四郎作

<그림 3-47> 나카무라 겐이치의 <산호해 해전>

나카무라 겐이치는 도쿄미술학교를 졸업하고, 1919년 광풍회전(光風会展), 이듬해에 제2회 제전(帝展)에 입선하는 등 관전을 중심으로 활약하였다. 1923년 프랑스로 건너가 파리에서 미술을 공부하고 1928년에 귀국하였다. 1938년 4월 상하이파견군의 요청으로 상하이사변 기록을 그리기 위해 종군화가로서 미나미 마사요시, 무카이 준키치 등과 상하이 방면으로 파견되었으며, 이때 나카무라는 부대장을 맡았다. 1939년에는 중국 남부로, 1942년에는 육군 종군화가와 해군 보도반원으로 말레이에 파견되었다. 1938년 대일본육군종군화가협회를 설립하였으며, 이듬해 육군미술협회로 개조되자 중심인물로 활약하였다. 그의 전쟁화는 예술적 가치도 인정받고 있다.

이 그림은 1942년 5월에 치러진 산호해(珊瑚海) 해전을 그린 것으로, 사상 최초의 해상 항모전을 박진감 있게 묘사하고 있다.

〈그림 3-48〉 후지타 쓰구하루의 〈○○부대의 사투〉

이 그림은 후지타가 1943년에 발표한 작품으로 뉴기니전선에서 전멸한 야마다 겐사쿠[山田健作]부대의 전투를 그린 그림이다. 검열 때문에 〈○○부대의 사투〉로 제목이 바뀌었지만 전후에는 '뉴기니 전투'로 이름을 되찾았다. 야마다부대는 1942년 12월 14일 일본군의 포트 모르즈비 공략의 전선기지인 뉴기니섬 부나(Buna)에 파견되었다. 그런데 앞서 후퇴한 부대들이 이미 배들을 모두 사용했기 때문에 후퇴에 실패하고 1943년 1월 21일 부대가 버리고 간 부상병들과 최후를 함께 하며 총으로 자결하였다. 이 그림은 전쟁의 처참함을 묘사했다는 점에서 후지타의 전작인 〈애튜섬 옥쇄〉와 비슷하다.

〈그림 3-49〉 시미즈 요시오[清水良雄, 1891~1954]의 〈룽가 먼바다 야전〉

시미즈 요시오는 1916년 도쿄미술학교 서양화과를 졸업하고 관전과 광풍회(光風会)를 중심으로 활약하였다. 아동 잡지에 표지와 삽화를 그렸으며 1927년 일본아동화가협회를 설립하였다.

〈룽가 먼바다 야전〉은 1942년 11월 30일에 과달카날섬 룽가곶에서 미 해군과 일본 해군이 격돌한 야전으로, 연합군 측의 명칭은 타사파롱가 해전(Battle of Tassafaronga)이다. 시미즈의 전쟁화는 부건빌섬의 해전이나 룻셀섬 기습도 등 해전 그림이 많고 구도도 거의 비슷하다. 이 그림은 불을 뿜으며 격추되는 함선과 이때 일어나는 거대한 물보라를 통하여 해전의 격렬함을 생생하게 묘사하였다.

<그림 3-50> 후지타 쓰구하루의 <솔로몬 해전에서의 미국 병사의 말로>

1943년작인 이 그림은 후지타 쓰구하루의 전쟁화 중에서도 매우 유명한 작품이다. 사진을 참고하여 그린 그림이기 때문에 화면 연출력이 발휘될 여지가 별로 없었지만 상황 정보만으로 상상력을 발휘한 것이다. 전투에서 살아남은 미 해병들이 구명보트로 탈출하다 상어 떼를 만나 비참한 최후를 앞둔 장면이다. 어둠 속에서 굽이치는 파도와 몰려든 상어 떼, 공포와 절망에 빠진 미 해병들의 자세와 표정, 오른 팔이 잘린 채 결연한 표정으로 서 있는 병사의 모습 등 적군 병사에 대한 가학적 쾌감을 그대로 드러냈다.

8.
제2회 대동아전쟁미술전람회 출품작

이 시리즈는 앞의 시리즈와 마찬가지로 아시아태평양전쟁 개전 2주년을 기념하여 개최된 제2회 대동아전쟁미술전람회 출품작을 모아 발행한 엽서 시리즈이다. 화질과 엽서 뒷면의 인쇄 내용이 달라 여러 번에 걸쳐 다른 기획으로 엽서를 제작한 것으로 추정된다. 전체 매수는 확실하지 않으나 소장하고 있는 5매를 소개하겠다.

  엽서 앞면 화가의 이름 앞에 '해군보도반원'이라고 적혀 있는 것으로 보아 이 시리즈는 모두 해군보도반원 화가들이 그린 작품들로 엮은 듯하다.

<그림 3-51> 가토 에이조[加藤榮三, 1906~1972]의 <설영대(設營隊)의 활약>

가토 에이조는 동양화가로서 도쿄미술학교 재학 중인 1929년에 제10회 제전(帝展)에 입선하였으며 1931년 도쿄미술학교를 졸업하였다.

이 그림은 전쟁터에서 설영대(設營隊)의 활약상을 표현한 것이다. 설영대란 주력부대가 전진하여 작전을 펼 것으로 예상되는 새로운 위치를 주력부대가 도착하거나 점령하기 전에 확보하고 정찰하는 부대를 말한다. 예하부대의 정확한 위치를 지정하고 각 부대를 준비된 지역으로 유도하며 숙영 및 행정시설을 사전에 준비하는 것이 임무이다. 전면에 배치된 트렉터 뒤로 현지 주민을 동원한 공사현장의 모습이 담겼다.

〈그림 3-52〉 오쿠보 사쿠지로의 〈선단 호송〉

호송 선단(護送 船團) 또는 호위 선단(護衛 船團)이란 군함이나 항공기, 무장한 배들의 호위를 받으며 항행하는 수송선이나 상선 집단을 말한다. 따라서 선단 호송이란 자국의 선단을 적의 위협에서 보호하며 안전하게 해상 수송하는 임무를 말한다. 아시아태평양전쟁에서 미 해군에 의한 무제한잠수함작전이 전개되자 일본도 선단 호송에 힘쓰게 되었다. 그러나 호위선의 절대 부족과 레이더 등 장비의 열세로 일본군의 선단 호송 능력은 매우 열악하였다. 같은 제목의 그림이 '대동아전쟁홀병그림엽서 제5집' 시리즈(214쪽)에도 수록되어 있다. 오쿠보는 해군보도반원으로서 파견되었을 때 선단 호송에 관한 여러 장의 그림을 그린 것으로 보인다. 이 그림은 뒤에 늘어선 선단들과 전면의 병사들의 움직임을 통해 선단을 호송하는 장면을 표현한 것이다.

〈그림 3-53〉 후지모토 도이치로[藤本東一良, 1913~1998]의 〈구잠정(驅潛艇)의 활약〉

후지모토 도이치로는 1940년 도쿄미술학교를 졸업하였고, 재학 중인 1937년 남양제도를 여행하였다. 전쟁미술 관계 전람회로는 1939년 제1회 성전미술전, 1942년 제1회 대동아전쟁미술전, 1943년 제2회 대동아전쟁미술전에 출품하였다. 또한 1939년 제3회 해양미술전 이래 제4회·제5회·제7회·제8회에 출품하였다.

이 그림은 구잠정(驅潛艇)과 구잠정에 타고 있는 병사들의 활약상을 그린 것이다. 구잠정이란 잠수함의 구축을 주요 임무로 하여, 국지에서의 경비, 선박 호위를 맡는 작은 함정을 말한다. 제2차 세계대전에서는 일본 해군이 대량으로 구잠정을 건조하여 공격무기로 폭뢰를 장착하고 선단 호위에도 사용하였다.

〈그림 3-54〉 나카무라 겐이치의 〈산호해 해전〉

이 그림은 1942년 5월에 치러진 산호해(珊瑚海) 해전을 그린 것으로, 앞서 222쪽에 소개한 2도 인쇄의 그림과 이 컬러 엽서를 비교하여 감상하는 것도 재미있을 것이다.

〈그림 3-55〉 산타 야스시[三田康, 1900~1968]의 〈렌넬섬 먼바다 해전〉

산타 야스시는 1922년 도쿄미술학교 서양화과를 졸업하였으며, 1921년 제전(帝展)에 입선하였다. 이후 여러 관전에서 활약하였으며 1942년 종군화가로서 전쟁터를 돌아보았다.

이 그림은 1943년 1월 29일에서 30일에 걸쳐 솔로몬제도 렌넬섬(Rennell Island) 먼바다에서 일어난 해전을 그렸다. 일본군은 렌넬 해전에서 미군에 큰 손실을 입혔고 그 결과 2월 초순의 과달카날섬 철수작전을 성공시킬 수 있었기 때문에 대본영이 이 전과를 대대적으로 선전하였고, 산타도 이 해전의 경과와 전과에 대하여 같은 제목의 그림을 여러 장 그렸다.

9.
휼병그림엽서 시리즈

이 시리즈는 육군 휼병부가 1942년에 발행한 것으로 5종 10매로 구성되었다. 육군 휼병부는 육군성 부서 중 하나로서 장은 휼병감(恤兵監)이다. 휼병이란 전장의 병사 위문, 또는 위문으로 보내는 물건을 의미하며, 휼병부는 주로 휼병에 대한 관리를 담당하였다. 현재 남아 있는 전쟁화 관련 엽서들은 군대를 대상으로 휼병부가 발행한 것이 많다. 현재 소장하고 있는 것은 4매이므로 이를 중심으로 동남아시아 풍경들을 감상하기로 하자. 이 시리즈는 육군 휼병부가 발행한 엽서로는 드물게 전쟁이 아닌 동남아시아의 풍경과 인물을 담고 있다.

〈그림 3-56〉 휼병그림엽서 봉투

〈그림 3-57〉 가와시마 리이치로[川島理一郎, 1886~1971]의 〈왓 포 사원 첨탑(방콕)〉

"방콕은 근대적 도시이지만 역시 순수한 타이식 건축인 궁전이나 사원이 이 동쪽 나라 도시에 진귀한 색채를 띠게 한다. 그림은 방콕 최대의 사원이다. 절 안의 건축은 호장하고 화려함의 극치를 이루며 첨탑들은 역대 왕조의 사리탑인데 높이 200척에 이르는 것도 있다"

가와시마 리이치로는 미국 뉴욕과 프랑스에서 공부한 서양화가이다. 전시 중 종군화가로 태국, 필리핀 등에 파견되었고 1939년 4월에 설립된 육군미술협회 발기인으로 참여하였다.

이 그림은 전쟁화라기보다는 종군화가로서 태국에 갔을 때 방콕의 왓 포 사원의 풍경을 그린 것이다.

〈그림 3-58〉 구리하라 신의 〈조호르를 멀리 바라보며〉

구리하라 신은 서양화가로서 1939년 몽골 방면, 1940~1941년에는 말레이·싱가포르에 종군하였다. 그는 육군보도반원으로 신문기자 4명, 카메라맨 1명과 함께 말레이·싱가포르에 종군했던 기록을 담은 『6인의 보도소대[六人の報道小隊]』를 출판했는데, 사진과 종군일지가 수록된 귀중한 자료이다. 보도반원들은 1942년 1월 16일에 쿠알라룸푸르를 통과하여 2월 6일에 조호르바루에 도착하였다. 소속부대를 뒤쫓기에 바빴던 보도반원들은 조호르바루에서 여유 있는 시간을 보냈고 구리하라는 이때 스케치한 것을 토대로 〈말레이반도 조호르 수도(水道) 도하작전을 보는 야마시타[山下] 장군〉이라는 그림을 그렸다.

조호르(Johore)는 조호르바루(Johor Bahru)를 주도로 하는 말레이반도 남단 지역으로서 일본군과 영국군이 격전을 치른 곳이다. 이 그림은 격전지 조호르를 멀리서 바라보는 풍경화이다.

〈그림 3-59〉 스즈키 에이지로의 〈필리핀 시장 풍경〉

스즈키 에이지로는 1938년 종군화가로 수저우[蘇州], 항저우[杭州], 난징[南京]에 파견되었으며, 그 이듬해에는 중국 북부를 여행하였다. 1941년 11월에 필리핀파견군 보도반원으로 징용되었다. 그는 이 시기에 필리핀을 무대로 한 여러 점의 전쟁화를 그렸다.

이 그림은 필리핀의 시장 풍경을 그린 것으로서 현지인들의 삶을 생동감 있게 담았다.

〈그림 3-60〉 후지타 쓰구하루의 〈강 안쪽 근교 도안피[河内付近ドアンピー]〉

이 그림에서 '강 안쪽'이란 베트남 하노이를 말하는데, 도안피는 하노이의 근교라고 추정된다. 그림의 모델이 여자 아이인지, 남자아이인지는 정확히 알 수 없으나 좌우 비대칭으로 어깨를 기운 옷을 입고 있는 것으로 보아 가난한 집 아이인 것으로 보인다. 이 그림은 일본이 베트남을 점령했을 때 후지타가 그린 스케치를 토대로 완성한 것으로 보이며, 점령지의 인물을 그린 그림이라는 점에서 넓은 의미의 전쟁화라고 할 수 있다.

河内附近ドアピン一　　　　藤田嗣治　筆

10.
야스쿠니신사[靖国神社] 대제(大祭) 대동아전쟁 해군기념 그림엽서

〈그림 3-61〉 야스쿠니신사[靖国神社] 대제(大祭) 대동아전쟁 해군기념 그림엽서 봉투

이 시리즈는 야스쿠니신사 대제 '대동아전쟁 해군기념 그림엽서'로 육군미술협회가 제작하였다. 전체 19매로 구성되어 있으며, 앞에서 소개한 엽서 시리즈와 중복되지 않기 때문에 추가로 소개한다. 중국 전선에서 동남아시아, 태평양에 이르는 중일전쟁과 아시아태평양전쟁의 전황을 살펴볼 수 있으며, 각 지역의 풍경과 생활상도 감상할 수 있다.

〈그림 3-62〉 후지타 쓰구하루의 〈신병의 구출[神兵の救出到る]〉

이 그림의 배경이 되는 국가는 명확하지 않으나 후지타가 사이공, 싱가포르 방면에 파견되었을 때 구상한 그림으로 생각된다. 배경이 되는 집의 가구와 장식 등을 볼 때 서양인이 살던 집으로 보인다. 중앙에 재갈에 물린 여성을 배치하고, 총을 들고 주민을 구출하기 위해 뛰어드는 일본 병사를 왼쪽 구석에 배치하였다.

〈그림 3-63〉 이세 마사요시[伊勢正義, 1907~1985]의 〈주룽[九龍] 성문 저수지 255고지의 분전(奮戰)〉

이세 마사요시는 1931년 도쿄미술학교 서양화과를 졸업하고 1933년 광풍회전(光風会展)에 입상하였다. 1936년 이노쿠마 겐이치로, 고이소 료헤이 등과 신제작파협회를 결성하여 전후에도 이 협회에서 활약하였다.

일본은 1941년 12월 8일 하와이 기습과 동시에 주룽반도를 공격하여 영국과 개전하였다. 9일 밤 일본군 보병 제28연대는 주룽 성문 저수지 255고지의 영국군 진지에 돌입하여 3시간의 전투 끝에 고지를 빼앗았다.

이 그림은 일본군이 주룽 성문 저수지를 야습하는 장면을 그린 것이다.

〈그림 3-64〉 이하라 우사부로[井原宇三郎, 1894~1976]의 〈사카이[酒井] 사령관과 영 총독의 홍콩 회견〉

이하라 우사부로는 서양화가로 주로 고전주의풍의 중압감이 있는 나부상(裸婦像) 등 많은 인물화를 그렸다. 도쿄미술학교를 졸업하고 1925년 농상무성 해외실습연습생으로 프랑스에 건너갔다가 1929년에 귀국하였다. 육군촉탁 화가로 타이완, 홍콩, 미얀마, 중국, 태국 등에 파견되었으며, 다양한 전쟁화를 그렸다.

이 그림은 1941년 12월 25일 일본군이 홍콩을 함락시킨 후 제23군사령관 사카이 다카시[酒井隆, 1887~1946]와 영국 총독 영(Mark Aitchison Young, 1886~1974)의 회담 장면을 그린 것이다.

〈그림 3-65〉 다카이 데이지의 〈북의 정예[北の精鋭]〉

다카이 데이지는 1938년 종군화가로서 상하이, 수저우, 난징, 주장에 파견되었으며, 1942년에는 만주에 파견되었다. 이 작품은 관동군 병사들이 북쪽의 변방을 지키는 모습을 그린 것으로 보인다.

〈그림 3-66〉 야자와 겐게쓰[矢澤弦月, 1886~1952]의 〈산둥성(山東省) 마안산묘(馬鞍山廟) 진지 공격〉

야자와 겐게쓰는 도쿄미술학교 일본화과를 졸업하고 유럽에 체류하기도 하였다. 전쟁미술과 관련해서는 1939년 제1회 성전미술전, 1942년 제1회 대동아전쟁미술전, 같은 해 제6회 해양미술전, 1944년에 육군미술전과 전시특별문전(文展)에 출품한 바 있다.

이 그림은 산둥성 마안산묘(馬鞍山廟) 진지를 공격하는 장면이다.

山東省馬鞍山廟陣地攻擊　　矢澤弦月筆

大東亞戰爭陸軍作戰記錄畫（陸軍省貸下）

〈그림 3-67〉 시미즈 도시[清水登之, 1887~1945]의 〈왕주석(汪主席)과 중국 참전〉

시미즈 도시는 육군사관학교 수험에 실패한 후 화가를 지망하여 미국에 건너가 시애틀과 뉴욕에서 공부한 특이한 이력의 소유자이다. 1924년 프랑스로 건너가 여러 전시회에 출품하였으며 1926년 귀국 후에는 이과전(二科展), 중앙미술전 등에 출품하였다. 종군화가로 1932년 상하이, 1938년 난징과 우한, 1942년에는 보르네오 북부와 말레이시아 등 총 8회 파견되었다.

왕징웨이[汪精衛, 1883~1944]는 1940년 3월 30일 난징에 일본의 괴뢰정권인 중화민국난징국민정부(난징국민정부)를 수립하였다. 그는 아시아태평양전쟁 개전 직후에 일본 측으로 참전하기를 희망하였으나, 만주국조차 일소중립조약을 고려하여 참전하지 않았으므로 오히려 일본 측이 만류하였다. 난징국민정부는 미드웨이 해전 이후 패색이 짙어진 일본편에 서서 1943년 1월 9일 미국과 영국에 대하여 선전포고하였다.

이 그림은 난징국민정부의 선전포고 후 난징 중산로(中山路)에서 난징국민정부 군대에 의한 선전포고 퍼레이드를 벌이는 장면을 그린 것이다.

〈그림 3-68〉 기토 나베사부로[鬼頭鍋三郞, 1899~1982]의 〈잠시 휴식〉

기토 나베사부로는 메이지은행[明治銀行]을 퇴직하고 화가로 전환한 이력의 소유자이다. 1942년 군의 의뢰로 기록화를 그리기 위하여 중국 화난[華南] 지방에 종군하였으며, 1943년 제1회 육군미술전, 같은 해 국민총력결전미술전, 1944년 제2회 육군미술전, 1945년 제3회 육군미술전에도 출품하였다.
이 그림은 1942년 중국에 종군하였을 때 제3사단이 행군 도중 잠시 휴식을 취하고 있는 장면을 그린 것으로서, 기토는 이 그림으로 1943년 육군대신상을 수상하였다.

〈그림 3-69〉 사사오카 료이치[笹岡了一, 1907~1987]의 〈코레히도르 맹포격〉

사사오카는 1930년에 백일전(白日展)과 제전(帝展)을 통해 화단에 나왔다.
코레히도르섬(Corregidor I.)은 필리핀 루손섬의 주요 요새였다. 1941년 12월 일본군이 루손을 침공하자 미군과 필리핀 군대는 바타안(Bataan)반도로 후퇴하였다. 1942년 4월 9일 바타안 방어군이 항복하자 일본군은 전 화력을 코레히도르로 집중시켰고, 5월 6일 미군은 항복하였다.
이 그림은 일본군이 코레히도르를 맹폭하는 장면을 그린 것이다.

〈그림 3-70〉 미야모토 사부로의 〈혼마·웨인라이트 양 사령관 회견도〉

이 그림은 1944년작으로서 1942년 5월 6일 필리핀 코레히도르 전투에서 항복한 웨인라이트(Jonathan Mayhew Wainwright, 1883~1953) 미군 중장이 혼마 마사하루[本間雅晴, 1887~1946] 중장과 회견하는 모습을 그린 것이다. 반대편에서 바라보는 구도로 그린 〈웨인라이트 장군의 항복〉이라는 그림이 있는데, 이 역시 미야모토의 작품으로 추정된다.

혼마는 제14군사령관으로 바타안, 코레히도르 전투를 지휘하였다. 일본군은 바타안반도를 점령한 후 미군과 필리핀군 중 약 76,000명의 포로를 오도넬기지로 보냈다. 143km의 거리를 도보로 이동하게 하여 질병과 굶주림, 탈수, 탈진으로 많은 사상자를 낸 이 행군은 '죽음의 행진(Death March)'으로 불린다. 전후 혼마는 기소되어 마닐라재판에서 유죄 판결을 받고 교수형에 처해졌다.

〈그림 3-71〉 가시와바라 가쿠타로[柏原覺太郎, 1901~1977]의 〈아라칸산을 돌파하는 아리노부지대[有延支隊]〉

가시와바라 가쿠타로는 1924년 도쿄미술학교를 졸업하고 1927년 이과전(二科展)에 입선하였다. 1932년 유럽에 건너가서 이듬해에 귀국하였다. 1938년 상하이파견군의 요청에 따라 상하이사변 기록을 위하여 종군화가로서 나카무라 겐이치 등과 상하이 방면에 파견되었으며, 1939년에 설립된 육군미술협회에 참가하였다.

일본군은 1942년 남방자원 조달지이자 장제스 원조 루트인 버마 방면에서 연합군에 반격하기 위하여 1943년 3월 버마방면군을 신설하였다. 11월 중국군과 영국인도군이 2개 방면에서 진격하는 것이 예상되는 가운데 일본군에서 정면 방어를 맡은 것이 미야와키[宮脇]지대이고, 아라칸(Arakan)산을 넘어 공격을 명받은 것이 아리노부[有延]지대였다.

이 그림은 버마 서부에서 인도 북동부에 이르는 험준한 아라칸산을 넘고 있는 아리노부지대 병사들의 모습을 그렸다.

〈그림 3-72〉 이노쿠마 겐이치로의 〈○○ 방면 철도 건설〉

전쟁 당시에는 작전의 기밀 유지를 위하여 이 그림의 제목을 〈○○ 방면 철도 건설〉이라고 붙였으나 전후에 '동버마 방면'이라고 정확한 이름을 붙였다. 이 철도는 구체적으로 태면철도(泰緬鐵道)를 가리키는데, 이름 그대로 태국과 버마를 잇는 철도이다. 1942년 6월 20일에 일본 대본영은 남방군에 태국과 버마를 연결하는 태면철도 건설요령을 통달하였다. 11월에 본격적으로 작업을 시작한 이 철도는 1943년 10월 25일에 개통되었다. 험준한 산악을 뚫고 건설된 이 철도 공사에 많은 전쟁 포로들이 동원되었다. 이 그림은 태면철도 건설 초기의 현장 모습을 그린 것이다.

〈그림 3-73〉 스즈키 료조[鈴木良三, 1898~1996]의 〈위생대의 활약과 버마인의 호의〉

스즈키 료조는 1922년 도쿄자혜의대[東京慈惠医大] 재학 중 가와바타화학교[川端畵学校]에서 그림을 배웠다. 1928년 프랑스로 건너가 8개월간 체류할 때 유럽을 여행하고 많은 화가와 교류하였다.
1939년 제1회 성전미술전에 〈철도원의 활약〉을 출품하였으며, 1943년에는 육군참모본부와 일본적십자사의 의뢰를 받아 종군화가로 버마 방면으로 파견되었다.
이 그림은 버마에서 활약하는 일본군 위생대와 그들에 대한 버마인의 호의를 표현한 그림이다.

〈그림 3-74〉 무카이 준키치[向井潤吉, 1901~1995]의 〈마유산벽[山壁]을 넘다〉

무카이 준키치는 1935년부터 2년간 보병 제38연대에 입대한 경험이 있다. 1937년 중국 북부와 몽골 방면, 1938년에는 상하이, 1941년에 필리핀에 종군화가로 파견되었다. 1938년 아사히신문사의 지원을 받아 대일본육군종군화가협회를 설립하였다. 이듬해 육군미술협회로 개조될 때도 설립 발기인으로 참여하였다. 1941년 대일본항공미술협회 설립에도 참여하였다.
이 그림은 버마에서 작전을 수행하는 병사들이 마유산을 넘어 진격하는 모습을 그린 것이다.

大東亜戦争陸軍作戦記録画（陸軍省貸下）　ユマ山壁を衝く　向井潤吉筆

<그림 3-75> 스즈키 쓰기오[鈴木亜夫, 1894~1984]의 <랑군 방공(防空)과 버마인의 협력>

스즈키 쓰기오는 도쿄미술학교 서양화과 재학 중인 1916년 제3회 이과전(二科展)에 입선하였다.
1944년 육군성의 촉탁으로 버마에 파견되어 <랑군의 방공과 버마인의 협력>을 그렸으며, 1944년 제2회 육군미술전에 출품하였다.

<그림 3-76> 고이소 료헤이의 <버마 독립식전도(独立式典圖)>

일본은 연합군의 장제스 원조 루트 중 하나인 버마 루트를 봉쇄하기 위하여 버마의 젊은 독립운동가들을 일본에 불러 군사훈련을 지원하고 버마독립의용군을 창설하게 하였다. 1942년 1월에 군사동맹을 체결하고 있던 태국을 통해 영국령 버마에 침입하였으며, 이때 함께 들어간 버마독립의용군도 '해방군'으로 환영받았다. 1943년 일본은 영국에 저항하다 투옥되었던 바모(Ba Maw, 1893~1977)를 군정하의 초대 총리로 취임시키고 '버마 독립'을 선언하였다. 그러나 이후 3년 6개월에 걸쳐 일본의 가혹한 군정이 자행되었고 버마는 제2차 세계대전 중 일본의 군사기지 역할을 수행하게 되었다.
이 그림은 1943년 8월 1일의 버마 독립식 장면을 뒤에서 바라보는 구도로 그린 것이다.

ビルマ独立式典図　小磯良平筆

大東亜戦争陸軍作戦記録画（下賜軍省貸下）

〈그림 3-77〉 구리하라 신의 〈누장[怒江] 작전〉

누장은 중국 티벳고원에서 발원하여 버마의 살윈강으로 이어지는 강으로, 일본군은 1944년 10월 중국과 버마 국경지대인 이곳에서 대규모 전투를 치렀다. 일본군이 버마를 탈환하기 위하여 중국군과 영국인도군을 상대로 싸운 전투이다.

이 그림은 넓은 작전 지역을 배경으로 곳곳에 매복해 있는 병사들을 그려 전투 직전의 긴장감을 묘사하였다. 구리하라는 이 외에도 〈누장 강변의 포위섬멸전〉 등을 그렸다.

〈그림 3-78〉 다무라 다카노스케[田村孝之介]의 〈돌아오지 못할 오노[大野] 정신대와 이별하는 사노[佐野] 부대장〉

죽음을 각오하고 적진에 뛰어드는 정신대(挺身隊)와 그들을 배웅하는 제38사단장 사노 다다요시[佐野忠義, 1889~1945] 중장의 이별 의식을 그린 그림이다. 제38사단은 아시아태평양전쟁에서 자바섬 공략, 과달카날섬 전투 등에 참가하였다. 과달카날섬 전투에서 적의 사령부를 기습하고 중요 군사시설을 파괴하는 작전을 위해 1942년 12월 21일 구성된 오노[大野] 중위가 이끄는 정신대는 25일 출발 이후 행방불명되어 전원 귀환하지 못하였다.

이 그림은 동료들이 지켜보는 가운데 사노 부대장이 정신대 일동을 격려하는 장면이다.

〈그림 3-79〉 쓰루타 고로의 〈스텐레이산맥의 고사의용대[高砂義勇隊]〉

일명 '스텐레이(Stanley)작전'은 뉴기니 동부의 포트 모르즈비(Port Moresby)를 둘러싼 전투로서 작전 결정이 대본영에서 파견된 쓰지 마사노부[辻政信, 1902~1961]의 독단이었음이 뒤에 밝혀졌으나 전혀 문제시되지 않고 결행되었다. 1942년 7월 말 작전에 투입된 남해지대(南海支隊)는 각 장병들이 자신의 보급을 스스로 짊어지고 오웬스텐레이산맥(Owen Stanley Range)을 넘었다.

타이완총독부는 동남아시아 지역에서 지형과 언어 장벽에 부딪치자 원주민들을 모아 고산족 의용대를 조직하였다. 식민지 타이완에 지원병제가 실시된 후 1942~1943년까지 7차에 걸쳐 약 4,000명의 고산족 의용대가 파병되었는데 그중 3,000명이 최전선 뉴기니에서 목숨을 잃었다. 그들은 산지에서 터득한 기술과 사냥지식으로 기습공격을 펼치고 보급품을 조달하였다.

이 그림은 뉴기니 스텐레이 작전에 동원된 타이완 원주민 의용대 중 고사족(高砂族) 의용대의 활약상을 그렸다.

〈그림 3-80〉 요시오카 겐지의 〈오다[小田] 군조기(軍曹機)의 육탄공격으로 선단을 구하다〉

일본군이 적기에 기체를 부딪쳐서 공격하는 '자살특공'을 시작하여 이른바 가미카제(神風) 특공대 편성을 조직화하는 것은 1944년이다. 하지만 전투 중에 파일럿이 각자의 판단으로 행한 것은 그 이전부터였다. 오다 다다오[小田忠雄] 군조(軍曹)가 1943년 5월 8일에 동부 뉴기니 마당 부근에서 미군기 B-17기에 돌진해 선단을 구한 것도 특공이 본격화되기 이전의 사건이었다.

이 그림은 일종의 '영웅만들기'의 일환으로 오다 군조가 적기와 충돌하여 선단을 구하는 순간 선단의 병사들이 감격하는 표정으로 바라보는 장면을 그린 것이다.

小田軍曹機の體當り敢行よく船團を救ふ　　吉岡堅二筆

大東亞戰爭陸軍作戰記錄畫（陸軍省貸下）

참고문헌

제1장

- 이형식, 2012, 「태평양전쟁시기 제국일본의 군신만들기-『매일신보』의 조선인특공대('神鷲') 보도를 중심으로-」, 『일본학연구』 37.
- 保阪正康 監修; 近現代史編纂会 編, 2015, 『写真で見る太平洋戦争 1 : 真珠湾からガダルカナルへ』, 山川出版社.
- 編集部編, 2005, 『太平洋戦争のすべて』, 新人物往来社.
- 保阪正康 監修; 近現代史編纂会 編, 2015, 『写真で見る太平洋戦争 2 : 玉砕の島々と沖縄戦' 終戦への道』, 山川出版社.
- 吉田裕, 2009, 『アジア・太平洋戦争』, 岩波書店 (한국어 번역은 요시다 유타카 지음, 최혜주 옮김, 2012, 『아시아태평양전쟁』, 어문학사)

제2장

- 길윤형, 2012, 『나는 조선인 가미카제다』, 서해문집
- 배영미, 2012, 「조선인 특공대원의 실태와 한일 양국의 인식: 그 현황과 전망에 대해」, 『한국학연구』 28.
- 이형식, 2012, 「태평양전쟁시기 제국일본의 군신만들기-『매일신보』의 조선인특공대('神鷲') 보도를 중심으로-」, 『일본학연구』 37.
- アジアに対する日本の戦争責任を問う民衆法廷準備会編, 2000, 『ジュニア版写真で見る日本の侵略』, 大月書店.
- 栗原俊雄, 2015, 『特攻―戦争と日本人』, 中央公論新社.
- 裵淵弘, 2009, 『朝鮮人特攻隊―「日本人」として死んだ英霊たち』, 新潮社.
- 保阪正康 監修; 近現代史編纂会 編, 2015, 『写真で見る太平洋戦争 1 : 真珠湾からガダルカナルへ』, 山川出版社.
- 保阪正康 監修; 近現代史編纂会 編, 2015, 『写真で見る太平洋戦争 2 : 玉砕の島々と沖縄戦' 終戦への道』, 山川出版社.
- 吉田裕, 2009, 『アジア・太平洋戦争』, 岩波書店 (한국어 번역은 요시다 유타카 지음, 최혜주 옮김, 2012, 『아시아태평양전쟁』, 어문학사)

제3장
- 강태웅, 김용철, 한정선 편저, 2015, 『싸우는 미술 :아시아.태평양전쟁과 일본미술』, 아연출판부.
- 김용철, 2005, 「후지타 쓰구하루(藤田嗣治)의 전쟁화」, 『한국근현대미술사학』 15.
- 이형식, 2012, 「태평양전쟁 시기 제국일본의 군신만들기-『매일신보』의 조선인특공대('神鷲') 보도를 중심으로-」, 『일본학연구』 37.
- 司修, 2005, 『戦争と美術』, 岩波書店.
- 溝口郁夫, 2011, 『絵具と戦争』, 図書刊行会, 戦争画
- 保阪正康, 2015, 『真珠湾からガダルかナルへ』, 山川出版社.
- 保阪正康, 2015, 『玉砕の島々と沖縄戦 終戦への道』, 山川出版社.
- 増子保志, 2006, 「彩管報国と戦争美術展覧会-戦争と美術(3)-」, 『日本大学大学院総合社会情報研究科紀要』 7.

찾아보기

ㄱ

가미카제[神風] 027, 131, 142, 146, 147, 148, 155, 256
가시와바라 가쿠타로[柏原覺太郎] 248
가오루 공정대[薰空挺隊] 150, 151, 153
가와나 히로키[川名廣喜] 193
가와바타 미노루[川端実] 203
가와시마 리이치로[川島理一郎] 234
가토 에이조[加藤營三] 227
고보리 야스오[小堀安雄] 213
고사의용대(高砂義勇隊) 006, 093, 097, 256
고이소 료헤이[小磯良平] 163, 166, 167, 168, 174, 220, 240, 252
과달카날 전투 035, 068, 082, 255
과달카날 068, 069, 070, 082, 087, 105, 213, 224, 231, 255
구리하라 신[栗原信] 163, 164, 167, 235, 254
군신 026, 027, 143, 147
기토 나베사부로[鬼頭鍋三郎] 245
긴코타이[勤皇隊] 140
길버트제도 014, 035, 108, 109, 114

ㄴ

나구모 추이치[南雲忠一] 114, 120, 121
나우루 108, 109
나카무라 겐이치[中村研一] 163, 164, 166, 167, 178, 222, 230, 248
나카무라 나온도[中村直人] 212
네덜란드령 인도차이나 014, 015, 028, 029, 130, 206

뉴기니 031, 070, 092, 093, 095, 096, 099, 101, 102, 103, 104, 121, 223, 256

ㄷ

다무라 다카노스케[田村孝之介] 255
다카이 데이지[高井貞二] 187, 206, 220, 242
대동아회의 037, 038, 042, 064
대본영 014, 027, 046, 069, 071, 078, 079, 108, 124, 130, 142, 155, 199, 231, 249, 256
데마루 가즈오[出丸一男] 155
도미나가 교지[富永恭次] 153, 156
도조 히데키[東條英機] 037, 039, 046, 065, 066, 153

ㄹ

라에 015, 031, 069, 083, 092, 093, 209
라바울 069, 070, 071, 072, 088, 092, 106, 212
랑군 042, 044, 252
레이테 124, 136, 137, 138, 139, 140, 141, 147, 151, 152, 154, 155
레이테만 해전 122, 130, 131
렉싱턴 031, 209
렌도바 082, 090, 091
로무샤[勞務者] 006, 029
루손 014, 023, 130, 131, 132, 152, 178, 246
룽가 먼바다 야전 082, 089, 224

ㅁ

마닐라 015, 022, 023, 064, 067, 130, 131, 132
마리아나제도 114, 122, 124
마셜제도 015, 035, 108, 109, 110, 111, 113, 114
마쓰이 히데오[松井秀雄, 본명 인재웅(印在雄)] 143, 155
마쓰조에 겐[松添建] 208
마크 애치슨 영(Mark Aitchison Young) 017, 241
마킨 108, 109
말레이시아(말레이반도) 025, 029, 164, 167, 178, 181, 235, 244
메나도 168, 206, 207, 220
무라카미 마쓰지로[村上松次郎] 198, 209
무카이 준키치[向井潤吉] 167, 206, 222, 250
무타구치 렌야[牟田口廉也] 046
무토 아키라[武藤章] 023
미나미 마사요시[南政善] 167, 194, 222
미드웨이 해전 013, 014, 015, 031, 068, 070, 078, 082, 121, 143, 209, 244
미사와 다카마쓰[三澤孝松] 218
미야모토 사부로[宮本三郎] 163, 164, 167, 168, 182, 220, 247, 163, 168, 175, 182
미와 초세이[三輪晁勢] 178
민도로 131, 153, 155

ㅂ

바모(Ba Maw) 038, 042, 191, 252
바타안 023, 064, 246, 247
반다타이[萬朶隊] 142, 152
버마 038, 039, 040, 042, 043, 044, 045, 191, 250, 252, 254
버마 루트 038, 042, 044, 252
버마독립의용군 038, 042, 252
병보(兵補) 006, 093
보르네오 203, 220, 244
부가쿠타이[富嶽隊] 143, 149
부건빌 069, 071, 082, 083, 092, 093, 098, 100, 105, 224
부킷 티마 025, 181, 182

ㅅ

사노 다다요시[佐野忠義] 255
사사오카 료이치[笹岡了一] 246
사이판 108, 114, 116, 118, 121, 122, 130
사카마키 가즈오[坂巻和男] 027
사카이 다카시[酒井隆] 241
사토 케이[佐藤敬] 201
산타 야스시[三田康] 231
산호해 해전 013, 014, 015, 031, 209, 222, 230
살라마우아 031, 092, 209
세키 유키오[関行男] 142, 147
세키초타이[石腸隊] 156
셔틀랜드 069, 071, 093
솔로몬 해전 035, 068, 082, 225
솔로몬제도 035, 068, 069, 071, 082, 195, 231
수마트라 029, 166, 178
수바스 찬드라 보스(Subhas Chandra Bose, 1897~1945) 035, 036, 037, 046, 093
스미 기요시[住喜代志] 163, 216
스즈키 료조[鈴木良三] 250
스즈키 쓰기오[鈴木亜夫] 252
스즈키 에이지로[鈴木榮二郎] 192, 236
슬라바야 해전 208, 220
시미즈 도시[清水登之] 244
시미즈 요시오[清水良雄] 224
시키시마타이[敷島隊] 142, 145, 147
싱가포르 024, 025, 037, 164, 175, 178, 181, 235, 239
쓰루타 고로[鶴田吾郎] 163, 164, 166, 169, 206, 218, 256
쓰지 마사노부[辻政信] 256

ㅇ

아라칸 044, 046, 047, 060, 248
아리오카 이치로[有岡一郎] 199
아사히히카리타이[旭光隊] 153
아서 퍼시벌(Arthur Percival) 024, 168, 175, 182
아웅산(Aung San) 038, 042
아키아브 046
알류샨 열도 078, 079, 200
애튜 015, 035, 078, 079, 080, 081, 108, 165, 166, 223
야마구치 호슌[山口蓬春] 180
야마모토 이소로쿠[山本五十六] 035, 068, 070, 071, 072, 073, 074, 075, 076, 077, 082, 092
야마모토 히코시로[山本日子士良] 190
야마시타 도모유키[山下奉文] 023, 024, 131, 168, 182
야스쿠니타이[靖国隊] 143, 155
야자와 겐게쓰[矢澤弦月] 243
엔도 사치오[遠藤幸男] 157, 159
오니시 다키지로[大西瀧治郎] 142
오다 다다오[小田忠雄] 256
오웬스텐레이산맥 092, 256
오쿠보 사쿠지로[大久保作次郎] 214, 228
옥쇄 034, 078, 079, 080, 081, 092, 108, 115, 120, 124, 145, 165, 166, 223
왕징웨이(汪精衛) 244
요시오카 겐지[吉岡堅二] 173, 217, 256
우에노야마 기요쓰구[上野山清貢] 200
웨이크 014, 015, 109, 202
웨인라이트(Jonathan Mayhew Wainwright) 247
이노쿠마 겐이치로[猪熊弦一郎] 201, 240, 249
이데 노부미치[井手宣通] 195
이세 마사요시[伊勢正義] 240
이시카와 도라지[石川演治] 211
이와부치 산지[岩淵三次] 023
이토 신스이[伊東深水] 215
이하라 우사부로[井原宇三郎] 241

임팔 035, 044, 046, 055, 056, 058, 061
임팔-코히마 전투 047

ㅈ

자바 029, 167, 178, 208
자바해 해전 208
자카르타 213
장제스 원조 루트 017, 038, 044, 248, 252
조 에이이치로[城英一郎] 142
조호르바루 025, 235
조호르 235
진젠지 쇼이치[奏泉寺正一] 183, 185
진주만 004, 014, 015, 017, 019, 020, 021, 027, 068, 070, 121, 147, 173, 176, 178

ㅋ

카비테 023, 178
코레히도르 023, 246, 247
코타바루 019, 023, 178, 246, 247
콰잘레인 108, 109, 112
키스카 015, 034, 078, 079

ㅌ

타라와 108, 109
타라칸 029, 207
타이완 먼바다 항공전 124, 125, 126, 127, 128, 130
태면철도(泰緬鐵道) 038, 249
트럭 109, 114

ㅍ

팔렘방 029, 166, 206, 207
포트 모르즈비 015, 031, 069, 083, 092, 093, 094, 209,

223, 256
프랑스령 인도차이나 029, 044, 164, 178
필리핀 023, 124, 130, 133, 134, 135, 142, 152, 155, 156,
　　178, 234, 236, 246, 247, 250

ㅎ

하시모토 데쓰로[橋本徹郞] 191
하시모토 야오지[橋本八百二] 186
핫코타이[八紘隊] 154, 156
호세 파치아노 라우렐(José Paciano Laurel) 064, 067, 192
혼마 마사하루[本間雅晴] 247
홍콩 013~017, 44, 174, 176, 180, 241
후루시마 마쓰노스케[古嶋松之助] 202
후지모토 도이치로[藤本東一良] 229
후지타 쓰구하루[藤田嗣治] 163, 164, 166, 167, 168, 169,
　　178, 220, 223, 225, 236, 239
후쿠다 도요시로[福田豊四郞] 220
히로카와 소이치[廣川操一] 184

사진과 그림으로 보는
전시 일본의 프로파간다

초판 1쇄 인쇄　2021년 11월 20일
초판 1쇄 발행　2021년 11월 30일

지은이　　김영숙
자료 제공　신동규
펴낸이　　이영호
펴낸곳　　동북아역사재단

등　록　제312-2004-050호(2004년 10월 18일)
주　소　서울시 서대문구 통일로 81 NH농협생명빌딩
전　화　02-2012-6065
팩　스　02-2012-6189
홈페이지　www.nahf.or.kr
제작·인쇄　청아출판사

ISBN　　978-89-6187-673-5　93910

- 이 책에 수록된 자료의 저작권은 신동규에게 있으며, 무단복제와 전재를 금합니다.
- 이 책은 저작권법으로 보호를 받는 저작물이므로 어떤 형태나 어떤 방법으로도 무단전재와 무단복제를 금합니다.
- 책값은 뒤표지에 있습니다. 잘못된 책은 바꾸어 드립니다.